Algo por qué
SONREÍR

Tú, ____

encontrarás en estos mensajes el estímulo diario para continuar en busca de tus sueños.

Algo por qué
SONREÍR

ZIG ZIGLAR

Un Sello de Editorial Caribe

Betania es un sello de *Editorial Caribe*
Una división de *Thomas Nelson, Inc*

Nashville, TN - Miami, FL

www.editorialcaribe.com
E-mail: editorial@editorialcaribe.com

Título en inglés: *Something to Smile About*

Publicado por *Thomas Nelson, Inc.*

Traductor: *Ricardo Acosta*

ISBN: 0-88113-504-6

Impreso en EE.UU.
Printed in U.S.A.

6ª Impresión
www.caribebetania.com

A Bernie Lofchick, «el hermano Bern», la persona más positiva que conozco y una fuente constante de estímulo. Creyó en mí antes de que yo mismo creyera en mí.

Contenido

Prefacio *11*
Introducción *15*
Sigue al verdadero líder... si *17*
Ambición: ¿Buena o mala? *19*
De hija de aparcero a presidenta de la universidad *21*
La fuerza de la palabra *23*
La apariencia cuenta *25*
¿Por qué preocuparse? *27*
Amárrate los zapatos *29*
Los líderes aceptan responsabilidades *31*
Prevención: la mejor «cura» para la adicción *33*
El muchacho con nueva vida *35*
El poder de la actitud *37*
Los líderes son administradores *39*
Siempre es mejor hacer que hablar *41*
Tiene ochenta y cinco años, pero ¿y qué? *43*
¿Voy a o tengo que? *45*
Use lo que da resultados *47*
Para que la pelota rebote como tú quieras *49*
El liderazgo que lidera *51*
Tú decides *53*
Su compromiso era total *55*
La convicción es la clave *57*
Motivación, manipulación y liderazgo *59*
Está en el corazón *61*

La señorita Amy Whittington es una motivadora *63*
La dignidad de la sencillez *65*
El pueblecito que pudo *67*
Responde... no reacciones *69*
La verdad es más emocionante que la ficción *71*
Egoísmo inteligente *73*
«Para mantenerme en forma...» *75*
¡Nunca es demasiado tarde! *77*
Salido de las cenizas *79*
Capacidad de empleo *81*
Trabajo, ¿quién lo necesita? *83*
El empresario esta vivo y coleando *85*
Los líderes son comunicadores *87*
El progreso en la vida *89*
Cómo terminar bien *91*
Al ayudar a los demás te ayudas a ti mismo *93*
Amigos *95*
A ella se debe la línea *97*
El amor dice no al momento *99*
La venganza *101*
Esta es una filosofía, no una táctica *103*
«Lo que hago dice lo que soy» *105*
El empresario de diez años de edad *107*
Los modales importan *109*
Este camino a la felicidad *111*
La vida es como una rueda de molino *113*
Se busca: un amigo más *115*
Mi personaje inolvidable *117*

No es dónde arrancas sino hacia dónde vas *119*
Un incidente puede cambiarnos para siempre *121*
Improbable, imposible y no puede suceder *123*
¿Garantizan muchas horas mayor productividad y rendimiento? *125*
La vaca totalmente equipada *127*
Gratifícate *129*
Sé amable y escucha *131*
Maestros inspiradores producen alumnos inspirados *133*
Leer, escribir y saber aritmética no es suficiente *135*
Dio todo lo que tenía *137*
De cesto en cesto *139*
Obrero de tiempo parcial logra éxito total *141*
Es mejor dar *143*
No es mi culpa *145*
Viva Brenda Reyes y la Infantería de Marina *147*
Las cosas pequeñas influyen enormemente *149*
¡Soy el único que hace las cosas aquí! *151*
¿Un grupo de estrellas o un grupo estrella? *153*
Vitalidad para los ciudadanos mayores *155*
De la riqueza a la ruina para enriquecer *157*
Esos éxitos «instantáneos» *159*
«Amor» es un marcador en el tenis *161*
«Ella era velocidad y movimiento encarnados» *163*
Todos estamos en deuda *165*
Sam Walton alcanzó la posición de persona *167*
¿Hay más de una vía? *169*

La constancia tiene su pago *171*
Cualquier cosa podría pasar... y a menudo pasa *173*
Los grandes acontecimientos no siempre reciben gran atención *175*
Negociaciones beneficiosas para ambas partes *177*
«Para ayudar a otras personas...» *179*
Responder o reaccionar *181*
St. John: Una universidad que da resultados *183*
Da gracias por tus problemas *185*
¿Qué edad tienes? *187*
Buenas noticias en el periódico *189*
«Ni te preocupes» *191*
Busca lo bueno en todo *193*
Estrés: ¿Bueno o malo? *195*
Mejoró, no se amargó *197*
B.E.S.A. *199*
El éxito es una sociedad *201*
Edsel fue un éxito sobresaliente *203*
Cuando la tragedia se convierte en triunfo *205*
Los imposibles de ayer *207*
Cómo comerse un elefante *209*
Se necesita valor *211*
Si la decisión es equivocada, cámbiala *213*
No se trata de lo que no tienes *215*
Aprende a decir sí *217*
¿Es un problema o una oportunidad? *219*
Acerca del autor *221*

Prefacio

El doctor Buckner Fanning señala que una parábola es una historia corta con un gran significado. Nos cuenta esta parábola tomada directamente de la tira cómica «Carlitos» de Charles Schulz. La primera escena muestra una noche oscura y a Snoopy en la perrera. Este se dirige hacia la puerta delantera de la casa de Carlitos y la patea.

—¿Te sientes solo otra vez? —dice Carlitos mientras mira por la ventana.

En el siguiente cuadro Carlitos y Snoopy caminan juntos.

—Qué sensación más desagradable, ¿verdad? —dice de nuevo Carlitos.

En el siguiente cuadro ambos se encuentran en cama, tapados con la cobija. Carlitos obviamente trata de consolar a su deprimido amigo:

—Te despiertas a medianoche y parece que no hay esperanza alguna. Estás muy solo...

Snoopy se tapa aun más con la cobija.

—Te preguntas cuál es el significado de la vida y por qué estás aquí. ¿En verdad le importas a alguien? Miras fijamente en la oscuridad y te sientes muy solo... —continúa Carlitos.

En la escena final Snoopy mira a Carlitos y con vehemencia le pregunta:

—¿Tienes algunas galleticas para la noche?

De vez en cuando todos necesitamos algunas «galleticas para la noche». El propósito de este libro es darte algunas y persuadirte a hacer lo mismo con otros. Las galleticas para la noche son esencialmente interludios estimulantes o agradables que marcan diferencias en la vida de las personas. El *American Dictionary of English Language, Noah Webster 1828* [Diccionario estadounidense Noah Webster 1828 de la lengua inglesa] (al que en este libro me refiero varias veces como «el Diccionario Noah Webster 1828») define *diferencia* como «la condición de ser dispar o distinto»; la cualidad que distingue una cosa de otra». Es una «distinción lógica». *Distinto* significa diferente, no lo mismo. Lógicamente podemos decir que es un atributo esencial. Un *creador* es «alguien que crea, da forma, que modela o moldea»; por tanto, un alfarero de diferencias es alguien que marca una clara diferencia en otro formándolo, modelándolo, moldeándolo o influyendo en él.

A veces tú marcas la diferencia de maneras inesperadas e inexplicables. A medida que leas estas parábolas y sus aplicaciones, con frecuencia te sorprenderás diciendo: «Si él puede, yo también». «Si ella puede, también yo». Este es el primer paso para convertirte en uno que se distinguirá.

Me encanta la historia de la clase de sociología que estudió a doscientos muchachos, la mayoría de los suburbios de Baltimore, Maryland. Como resultado de su estudio, los estudiantes llegaron a la misma conclusión respecto a cada uno de los muchachos: «No tiene futuro alguno». Veinticinco años más tarde, otro profesor de sociología hizo una investigación y localizó ciento ochenta de los doscientos muchachos originales. Ciento setenta y seis de ellos se habían convertido en doctores, abogados, prósperos comerciantes, etc. Cuando se les preguntó cómo habían escapado a la predicción de su futuro, todos dijeron básicamente lo mismo: «Fue aquella maestra...» El profesor encontró a la maestra y le preguntó qué hizo para influir de tal manera en esos muchachos. Ella sonrió con sencillez y dijo: «Simplemente les brindé amor».

Espero que a lo largo de este libro experimentes indirectamente el amor de varias personas a medida que relato sus historias y lo que significaron para muchos. Si me relatas tus propias vivencias, hay la posibilidad de que se publique tu historia en un libro futuro.

Introducción

Tengo varios objetivos específicos para este libro. Primero, según dice el título con claridad, darte un mensaje diario de estímulo, que es el combustible de la esperanza. También te dará algo por qué sonreír y en ocasiones reirás de manera saludable. Cada página intenta llenar una necesidad que podrías tener, no necesariamente hoy día sino en algún instante de tu vida.

Las empresas pueden usar páginas de este libro para efectuar pequeñas reuniones de ventas, de personal o de departamentos. Durante estos encuentros alguien podría leer o explicar el material, y luego se podrían intercambiar ideas sobre cómo aplicar los conceptos a su situación. Los esposos y las esposas podrían leer el libro uno al otro a la hora del desayuno o de la merienda y acercarse más entre sí. Los padres podrían usarlo como directriz o motivación para sus hijos. Los maestros podrían hablar de este libro en sus clases, en tanto que algunas empresas podrían hacer copias para cada empleado. Personas de todo tipo podrían hablar de sus pasajes favoritos a sus amigos o familiares que necesiten una voz de aliento. En resumen, hay muchas maneras en que se pueden utilizar estos mensajes para animarte o para animar a otros.

Estoy convencido de que en un mundo tan negativo, diariamente necesitamos algo para vencer el negativismo. Creo que aquí encontrarás el incentivo que influirá en tu vida.

Mi invitación no es a que leas este libro sino a que lo analices página por página. Sugiero que mantengas un lápiz a la mano y subrayes ideas y pensamientos específicos. Luego, cuando tengas la oportunidad de usar una historia, ejemplo, ilustración o chiste, tu memoria estará preparada para encontrar lo que necesites.

Definitivamente influyen en nosotros los últimos pensamientos que tenemos en mente antes de ir a dormir. Por lo tanto, lee y concéntrate en uno de los mensajes antes de acostarte. Si viste el noticiero de la noche, te hará bien antes de apagar la luz leer algunas páginas de este libro y meditar en ellas.

Sigue al verdadero líder... si

Soy el primero en admitir que las ovejas no son las criaturas más inteligentes sobre la tierra, pero de vez en cuando tengo mis dudas acerca de los seres humanos. Cuando los pastores de ovejas quieren llevar su rebaño de un pastizal a otro y hay un pequeño obstáculo en el camino, procuran que un carnero tome la delantera y sea el primero en saltar el obstáculo. Las ovejas lo siguen con diligencia. Lo curioso es que si se quita el obstáculo, ellas continuarán saltando como si en realidad estuviera allí.

> **La experiencia es una maestra dura: primero examina y luego enseña.**

Hasta cierto punto, las personas reaccionan de la misma manera. Una importante carrera a campo traviesa en Kuala Lumpur, Malasia, debía abarcar un recorrido de once kilómetros. Después de dos horas del inicio de la competencia no se divisaba ningún corredor y los jueces empezaron a preocuparse de que algo hubiera acontecido. Se pusieron en camino en sus automóviles para buscar a los corredores y descubrieron que todos se hallaban a diez o más kilómetros de distancia, corriendo en la dirección equivocada. Algunos habían corrido más de quince kilómetros. A.J. Rogers, un juez de la competencia, dijo que el lío aparentemente se produjo cuando el corredor líder del grupo tomó un desvío equivocado en el quinto puesto de control y lo siguieron los demás.

John Maxwell de San Diego, California, dice que una persona común influye en toda su vida, de manera directa o indirecta, en otros diez mil individuos. Los que se encuentran en posición de liderazgo influyen en muchísimos más. Por eso es que el liderazgo acarrea una increíble responsabilidad; es decir, debe tenerse la seguridad de ir en la dirección correcta, de que las decisiones que se tomen se basen en el carácter y que la ruta que se escoja sea la adecuada. Cuando tomas una decisión, esta afectará directa o indirectamente a un sinnúmero de personas. Las buenas decisiones tomadas por las personas idóneas pueden influir de modo positivo en otros, así que tus decisiones deben ser las adecuadas.

Nunca podrás tomar la delantera a otros mientras intentes ajustar cuenta con ellos.

Ambición: ¿Buena o mala?

*E*stoy convencido de que la ambición, alimentada de compasión, sabiduría e integridad, es una fuerza poderosa para bien. Hará rodar las ruedas de la industria y abrirá la puerta de la oportunidad para ti y para un sinnúmero de personas. Pero si se alimenta de avaricia y ansias de poder, la ambición es una fuerza destructora que finalmente causa daño irreparable al individuo y a las personas a su alrededor.

Es más que un simple cliché decir que la ambición puede hacer nuestra fortuna o llevarnos a la ruina. Nos hace afortunados cuando escuchamos las palabras de Henry Van Dyke: «Existe en el mundo una ambición más noble que la de mantenerse en la cima: Renunciar a fin de levantar un poco más a la humanidad». George Matthew Adams observa: «Escala más quien ayuda a subir a otro». John Lubbock lo dice de este modo: «Hacer algo, aunque sea pequeño, para que otros se sientan felices o para que mejoren es la ambición más grande y la esperanza más noble que puede inspirar a un ser humano».

> *El problema es la falta de dirección, no la falta de tiempo: todos contamos con días de veinticuatro horas.*

Cuando era joven en Yazoo City, Mississippi, escuchaba con frecuencia que mi madre y el hombre para el que trabajaba en el supermercado se referían de esta manera a alguien: «En verdad es un joven muy ambicioso», o «Es una mujer con una gran ambición». El tono de voz indicaba que identificaban de manera muy favorable uno de los rasgos de una persona joven. Implícitamente comprendí que estaban hablando de ambición alimentada de compasión, sabiduría e integridad. Por otro lado, en numerosas ocasiones los escuché decir: «Es una buena persona, pero le falta ambición».

Desde mi perspectiva, representa una de las grandes tragedias de la vida que hayan personas que tengan capacidad y que no la utilizan. Esto incluye a cualquiera que lea estas páginas. Es verdad el viejo refrán: «Tómalo o déjalo». En pocas palabras, la ambición alimentada de compasión y dirección puede ser una fuerza poderosa para el bien.

«Hacía tanto frío donde estábamos», se jactaba un hombre, «que la candela se congeló y no pudimos apagarla». «¡Eso no es nada!», dijo el otro. «Donde estábamos nosotros las palabras salían de nuestra boca como pedazos de hielo y debíamos freírlas para ver de qué estábamos hablando». (Revista *Courier Journal).*

De hija de aparcero a presidenta de la universidad

*M*i madre solía decir: «El árbol crecerá en la dirección que tomen las ramas». Creo que Ruth Simmons, la nueva presidenta de la muy prestigiosa Universidad Smith en Massachusetts, es el clásico ejemplo de la realidad de esta declaración. Es también el compendio del sueño estadounidense y la prueba viviente de que este sueño todavía está vivo.

Siendo niña, la señora Simmons dijo a una de sus compañeras de aula que un día sería presidenta de una universidad. Esa era una notable declaración para una niña de doce años que venía de las aparcerías de Texas. Poco sabía que se trataba de la presidencia de una de las instituciones más respetables del país. En la actualidad es la primera mujer afroamericana que dirige una universidad de alto rango. Exploremos lo que sucedió, puesto que son poco comunes las presidentas, sobre todo si se trata de presidentas

Nos formamos por lo que otros esperan de nosotros. Estemos o no de acuerdo con lo que otros creen de nosotros y con lo que podemos hacer. En realidad, lo que otros piensan de nosotros es a menudo más crucial e influyente que lo que pensamos de nosotros mismos.

universitarias afroamericanas.

Muchas historias de éxito comienzan con los progenitores. En este caso particular el énfasis está en la madre. Ella recalcaba la importancia de tener carácter y de valorar «ciertos aspectos relacionados con el trato hacia las demás personas». La señora Simmons dijo: «Trabajé con empeño en todo lo que emprendí, pero no lo hice porque tenía interés en buenas puntuaciones... ni porque haya estado buscando elogios ni riquezas, sino porque así me educaron». El doctor Ross Campbell dice que ochenta por ciento del carácter del niño se forma en los cinco primeros años de edad; al parecer, el carácter de la señora Simmons lo confirma.

El comité de selección de la Universidad Smith resaltó que a la señora Simmons no la seleccionaron por ser afroamericana. Peter Rose, un miembro del comité investigador, dijo: «Hicimos lo posible por contratar la persona más capacitada. Nos llamó la atención el vigor de esta mujer, su gran desempeño académico y la fuerza de su personalidad».

Si educas a tu hijo con grandes valores morales, tal como lo hizo la familia Simmons, ¡quizás estás educando un futuro presidente universitario!

Mi madre se había estado quejando de mareos, entonces mi padre la llevó al consultorio médico para un chequeo. Ella salió al poco tiempo, fue de compras y dijo a mi padre: «Me siento mucho mejor ahora que compré un sombrero nuevo». «¡Qué bien!», dijo mi padre. «Pareces un payaso pero no tienes vértigo». (Contribución a *Selecciones* de Betty Boother Jones)

La fuerza de la palabra

Con frecuencia nos volvemos tan pragmáticos que a veces fallamos en ser eficaces. Hace años el editor del *Dallas Morning News* indicó a los cronistas deportivos que «Bill» no era un sustituto apropiado para «William» y que «Charlie» no era un sustituto adecuado para «Charles». Tomando literalmente lo que dijo, uno de los cronistas deportivos escribió acerca de un partido crucial llevado a cabo en la Universidad Metodista Doak Walker del Sur cuando estaba en su apogeo.

En su historia señala que en el tercer cuarto de juego Doak Walker dejó el partido por un «Charles horse». Creo que estarás de acuerdo en que la historia perdió algo de significado con el uso de «Charles».

> **Un comité es un grupo de personas que individualmente no pueden hacer nada, pero que colectivamente se reúnen y deciden que nada se puede hacer.**
> Gobernador Alfred Smith

Tal vez el colmo de lo absurdo ocurrió en un artículo de una publicación nacional, cuando el escritor usó la computadora para analizar el discurso de Lincoln en Gettysburg. Casualmente, ese discurso contiene 362 palabras de las cuales 302 son monosílabos. Es un discurso simple y directo, pero poderoso y efectivo.

Sin embargo, la computadora hizo algunas recomendaciones sobre cómo debió ser en realidad el discurso. Por ejemplo, en lugar de decir: «Cuatro veintenas y siete años», la computadora estimó este enfoque como demasiada palabrería y sugirió «ochenta y siete años». Es obvia la eficiencia en la reducción, pero es aun más obvia la pérdida de eficacia, fuerza, drama y pasión. Cuando Lincoln dijo: «Estamos comprometidos en una gran guerra civil», la computadora cuestionó si se justificaba la palabra *gran*, a pesar de que nuestra nación sufrió 646.392 bajas, incluyendo 364.511 muertes. La computadora indicó que las frases eran demasiado largas y señaló como negativa la declaración de que «nunca podremos olvidar lo que sucedió en Gettysburg». Creo que estarás de acuerdo en que, para inspirar a las personas a hacer grandes cosas, la elocuencia y el drama, combinados con pasión, lógica y sentido común, son mucho más eficaces que las simples correcciones técnicas.

Piensa en esto. Al conocer su poder, usa las palabras con cuidado. Así contribuirás enormemente con la humanidad.

Nota de mediados de invierno recibida de la oficina meteorológica: «Retiré con la pala sesenta centímetros de parcialmente nublado de mi estacionamiento».

La apariencia cuenta

*D*e acuerdo a un estudio reciente, nuestra apariencia tiene un impacto directo con nuestro salario. Ciertos investigadores analizaron los datos de empleo de siete mil adultos. Dividieron el grupo según el aspecto y luego compararon en cada categoría el salario de aquellos empleos similares. Quienes tenían un promedio bajo en apariencia ganaban menos que los que estaban dentro del promedio. Los que estaban en el promedio ganaban menos que los que estaban por encima del promedio.

La apariencia incluye muchas cosas. El estilo y la nitidez de tu ropa, el brillo de tus zapatos, las arrugas en tu camisa, tu combinación de colores y muchos otros aspectos afectan tu apariencia personal. También contribuyen la manera en que te peinas, tu maquillaje y todos los elementos de tu arreglo personal. Sin embargo, el factor principal es la sonrisa en tu rostro, seguida de tu actitud y tu sentido del humor. Un buen sentido del humor y una actitud positiva son particularmente importantes para escalar en el trabajo.

> *Las personas humildes no piensan que son menos, sencillamente piensan menos en ellas mismas.*

La verdad es que las personas promueven a las personas. La evidencia es firme en que cuando todo lo demás es igual, promoveremos al individuo que nos gusta por sobre el que nos hace sentir neutrales o negativos, casi sin tomar en cuenta las habilidades. La pregunta es: ¿A quién le agradamos? Creo que estarás de acuerdo en que las personas amables y optimistas al abordarlas agradan con más facilidad que las que se inclinan a ser melancólicas y hasta negativas. También es cierto que el individuo alegre y optimista logrará más y tendrá más cooperación de sus compañeros de trabajo que el negativo. Es un asunto práctico que los empleadores buscan a los que «encajan», que consiguen resultados y que es agradable tenerlos cerca.

Logra que tu apariencia dominical incluya una sonrisa, una gran actitud y un sentido del humor tranquilo. Trata de hacerlo y te apuesto que te unirás a las filas que están sobre el promedio en salario y éxito en la vida. Toma este consejo de corazón.

El optimista piensa que el vaso está medio lleno; el pesimista cree que el vaso está medio vacío. La persona realista sabe que de cualquier modo tendrá que lavar el vaso. (Sindicato de *Los Ángeles Times* en *Executive Speechwriter Newsletter)*

¿Por qué preocuparse?

La preocupación se describe como «el interés que se paga por la aflicción antes de que esta ocurra». Uno de los peores enemigos de Estados Unidos es la preocupación. Es como una mecedora; gasta muchísima energía pero no te lleva a ningún lado. Leo Buscaglia dijo: «La preocupación no roba el sufrimiento del mañana, solo debilita la dicha presente».

Pregunta: ¿Te preocupas? Más que nunca antes y más que cualquier otra nación en la historia, los estadounidenses toman más píldoras para olvidar más preocupaciones por más cosas. Eso está mal. Según el doctor Charles Mayo: «La preocupación afecta la circulación y todo el sistema nervioso. No he conocido un hombre que haya muerto por exceso de trabajo, pero sí he conocido muchos que han muerto por la duda». Las dudas siempre crean preocupación. En la mayoría de los casos la falta de información origina dudas.

La vida es similar a la Navidad. Estás más propenso a recibir lo que esperas que lo que quieres.

Matemáticamente hablando, en realidad la preocupación no tiene sentido. Los sicólogos y otros investigadores afirman con claridad que 40% de lo que nos preocupa nunca ocurrirá y 30% ya sucedió. Además, 12% de nuestras preocupaciones se producen por condiciones infundadas de salud. Otro 10% de nuestras preocupaciones se debe a la diaria angustia de todo tipo que a nada nos lleva. Solo queda 8%. En pocas palabras, los estadounidenses se preocupan 92% del tiempo sin ninguna razón. Si el doctor Mayo está en lo cierto, esto nos está matando.

He aquí una solución que reducirá tu preocupación: No te preocupes por lo que no puedes cambiar. Por ejemplo: Por varios años he volado en exceso: doscientas mil millas anualmente. En ocasiones los vuelos se cancelan o se retrasan. Mientras escribo esto, estoy sentado en un pasillo, esperando que se abra la puerta de embarque. Nada cambiaría si me preocupo o me enojo. Si opto por una acción constructiva y termino este capítulo, habré logrado algo. Este es un modo positivo de usar la energía que hubiera desperdiciado en ira, frustración y preocupación.

La moraleja es clara: Si no te agrada tu situación en la vida, no te atormentes ni te preocupes, haz algo al respecto. Preocúpate menos y actúa más.

A quien desea ser rico y famoso, le diría... «Primero hazte rico y ve si con eso te basta». (Bill Murray)

Amárrate los zapatos

*R*oger Crawford tenía dieciséis años antes de que pudiera amarrarse los zapatos y aun entonces Velcro lo hizo posible. No obstante, Roger sobresalió en otras esferas, como los deportes, y llegó a ser una estrella en el tenis. Cuando estuvo en la escuela secundaria jugó en el campeonato y ganó más de noventa y cinco por ciento de sus encuentros. Continuó casi al mismo ritmo en la universidad y tuvo éxito como jugador profesional.

Puedes mirar a Roger y ver que tiene una incapacidad. Sin embargo, según él lo explica, la mayoría de los impedimentos de la gente no se pueden ver pero son reales y en muchos casos más pronunciados que el suyo.

Roger nació sin una pierna de la rodilla hacia abajo ni tiene manos completas de cuatro dedos y un pulgar. A decir verdad, donde por lo general se encuentran los dedos, solo tiene dos extensiones que sin embargo usa para lograr triunfos notables. Roger no se queja por lo que no tiene, pero saca ventaja completa de lo que tiene. Esta actitud lo capacitó para llegar a ser el primer atleta con severos impedimentos que compitió en una división profesional deportiva universitaria.

Algunas personas encuentran fallas como si hubiera una recompensa al hacerlo. Otros ven lo bueno en toda dificultad.

Roger no pretende que haya sido fácil, pero muy rara vez la vida es fácil para la mayoría de nosotros. Actualmente Roger es uno de los oradores públicos más eficaces en Estados Unidos, un escritor de mucho éxito y hombre de familia. Habla para compañías en casi todo el mundo. Estas compañías van desde la categoría *Fortune 500* hasta asociaciones comerciales y de enseñanza. Mi sugerencia para todos nosotros es adoptar más de la actitud de Roger Crawford.

A los políticos les gusta jactarse de que están robusteciendo la economía, aunque no conocen la diferencia entre un elefante y un ratón robustos.

Los líderes aceptan responsabilidades

*H*akeem Olajuwon es el lanzador central de Houston Rockets, los campeones de la Asociación Nacional de Baloncesto en 1994 y 1995. Un año antes de ganar su primer campeonato contra los Knicks de Nueva York, Hakeem se percató de que su responsabilidad era mucho mayor que la de los demás, debido a que era el líder del equipo. Reconoció que tenía una debilidad en su juego: el lanzamiento desde los cinco metros. Piensa en esto. Tenía ingresos multimillonarios en dólares y había sido el lanzador central durante seis años consecutivos. Sin embargo, sintió que el equipo nunca ganaría un campeonato si no mejoraba su lanzamiento de cinco metros.

> *La mejor recompensa por algo bien hecho es haberlo hecho.*

Antes de la temporada 1993-94, Hakeem iba al gimnasio a diario y practicaba quinientos lanzamientos desde los cinco metros. Esa es una prueba increíble para obtener fuerza y resistencia y para mejorar su rendimiento. En 1994, cuando los Houston Rockets derrotaron a los Knicks de Nueva York en siete juegos, solo hubo un juego con diferencia de más de cinco puntos en el marcador. Las repeticiones del juego revelaron que si Hakeem no mejoraba su porcentaje de lanzamiento desde los cinco metros, los Knicks de Nueva York habrían ganado en lugar de los Houston Rockets.

He aquí algunas preguntas para meditar: Primero, ¿crees que Hakeem es popular con sus compañeros de equipo como resultado del esfuerzo extra que hizo para que Houston ganara el campeonato? Segundo, ¿crees que Hakeem estaba emocionado por ganar ese trofeo de campeón? Tercero, ¿entiendes por qué cuando renovó su contrato recibió un aumento importante?

Es cierto, tú puedes tener todo lo que desees en la vida si ayudas lo suficiente a otros a lograr lo que desean. Hakeem ayudó a sus compañeros de juego, a los dueños y a los fanáticos a ganar el campeonato. Ganó el estrellato porque él también era parte del equipo campeón; a decir verdad, debido a su tremendo esfuerzo recibió el reconocimiento como el jugador más valioso.

Si gastas el trasero de tus pantalones antes que las suelas de tus zapatos, estás haciendo demasiados contactos en el sitio equivocado. (Anónimo)

Prevención: la mejor «cura» para la adicción

*E*l ex zar de las drogas William Bennet dice que podemos dar algunos pasos para evitar que los niños experimenten con drogas. Según él, los niños que tienen buena comunicación con sus padres, que asisten regularmente a la iglesia y que se comprometen en actividades extraescolares (deportes, grupos musicales, torneos de debates, etc.), nunca consumen drogas. Él nos alienta a mantener ocupados a los niños y a recordarles que son seres morales y espirituales. Dice que se les debe expresar que el consumo de drogas constituye una degradación del carácter y del espíritu, algo que no es digno de ellos.

> **Si la gente no es responsable en su vida privada, es muy probable que tampoco lo sea en su trabajo.**
> **Stephen F. Arterburn**

El doctor Forest Tennant, autoridad en drogas, añade un par de pensamientos importantes. Dice que el orden en la vida de una persona es muy útil. Recomienda estructurar un programa centrado en actividades positivas. Son muy provechosas para los jóvenes actividades como comer con la familia, tener un horario regular para dormir y levantarse, y reservar un tiempo definido para estudiar. También señala que puedes enseñar a los niños lo que sabes, pero reproducirás lo que eres. Si usas drogas, las posibilidades son altas de que tus hijos también lo hagan y de que tal vez se conviertan en adictos.

El doctor Tennant dice explícitamente que si tus hijos te ven bebiendo cerveza o cócteles, más allá de lo que les pueda incumbir, estás tomando algo que reenmarca tu pensamiento. Lo verán como algo deseable y el concepto del uso de drogas se vuelve aceptable para ellos. El doctor Tennant señala que el tabaco y el alcohol invariablemente son las drogas de entrada a las drogas ilegales. Este hecho se refuerza en una publicación del *U.S. News & World Report* que declara que es muy raro que una persona se haya enredado en drogas ilegales sin haber comenzado con tabaco y/o alcohol.

Las sugerencias de William Bennet, combinadas con los pensamientos del doctor Tennant, son directrices maravillosas y algo que todo padre debe considerar.

Las familias, las empresas y los vecindarios deben unirse. Recuerda que el banano pierde la cáscara solo cuando ha dejado el racimo.

El muchacho con nueva vida

*M*urió tres veces camino al hospital después que en su motocicleta chocara con un auto que abruptamente se le atravesó. Estoy hablando de un notable joven llamado Billy Wright, pero me estoy adelantando a la historia.

Cuando estaba en la universidad, Billy persuadió a su padre de que fuera fiador de un crédito bancario por $125.000 a fin de comprar una distribuidora de motocicletas. Después de firmar se dio cuenta de que no tenía experiencia en ventas. Visitó librerías, compró y estudió varios libros sobre ventas y motivación. Decidió que el mejor negocio era el de venta repetitiva, así que se metió de lleno en relaciones de ventas y atendió muy bien a sus clientes. El primer año su negocio alcanzó utilidades de $250.000 y después de ocho años Billy obtenía millón y medio de dólares al año. Aproximadamente 80% de sus ventas eran repetitivas. Las cosas marchaban bien hasta que ocurrió el accidente.

Billy estuvo inconsciente por cuatro meses y medio. Sus heridas eran tan graves que los médicos dijeron que no habría sobrevivido si hubiera sido un fumador y si no hubiera estado en magníficas condiciones físicas.

Tu pasado es importante, pero no lo suficiente como para que controle tu futuro.

A lo largo de los cuatro meses y medio de coma, perdió setenta libras. El primer año que estuvo consciente comenzó lo que llamó el año educacional más importante de su vida. Su esposa le buscó libros y casetes. Billy dice que aprendió más en los doce meses siguientes que en los veintisiete años anteriores de su vida. Este fue un momento decisivo que lo preparó para lo que le esperaba.

El trauma y los gastos fueron muchos y casi lo perdió todo, incluyendo su esposa, dinero y negocio, pero Billy aún tenía una actitud positiva y deseos de triunfar. Hoy día se encuentra ocupado en levantar un próspero negocio en el campo automovilístico.

La persona que no desea la derrota no pueden vencerla. Ténlo en cuenta y mantén la actitud adecuada.

«En dieciséis años de casados no hemos podido ponernos de acuerdo en lo más mínimo», le dijo el esposo a la esposa. «¡Han sido diecisiete años!», respondió ella. (Executive Speechwriter Newsletter)

El poder de la actitud

*M*i amigo y socio John Maxwell dice: «No subestimes el poder de tu actitud. Es el ser avanzado de nuestro verdadero yo. Sus raíces son internas, pero el fruto es externo. Es nuestro mejor amigo o nuestro peor enemigo. Es más sincero y más constante que nuestras palabras. Su apariencia se basa en experiencias del pasado. Hace que los demás se nos acerquen o nos rechacen. No está satisfecho hasta que se expresa. Es el bibliotecario de nuestro pasado; el orador de nuestro presente y el profeta de nuestro futuro».

Muchas personas han afirmado que las actitudes son más importantes que los hechos y las investigaciones establecen que cerca de ochenta y cinco por ciento de las razones para conseguir empleos y escalar posiciones en ellos tienen que ver con nuestras actitudes. Por desgracia, cuando hoy día se habla de actitud, invariablemente se hace referencia a una mala actitud entre muchos de nuestros jóvenes.

No termines una reunión hasta que toda duda de cada problema se le haya asignado a un individuo específico con una solución adecuada. Una decisión interminable es una discusión sin sentido.

La actitud es la clave de la educación, de las relaciones con los demás y del progreso en la vida. El estudiante con una buena actitud no solo desea estudiar con el fin de aprobar el curso. Un trabajador con buena actitud aprende a realizar mejor el trabajo y lo lleva a cabo con alegría. El cónyuge con buena actitud manejan las situaciones difíciles de manera más eficaz y mejoran sustancialmente la relación. El médico con buena actitud lleva todas las de ganar al cuidar a sus pacientes.

Cuando todo lo demás es igual o se presenta alguna duda, el entrenador siempre escogerá al atleta con mejor actitud. Así mismo actúa el empleador o el que busca un compañero. Moraleja: Desarrolla una actitud victoriosa.

Cuando se le pidió limpiar su dormitorio, el adolescente respondió con fingida consternación: «¿Qué? ¿Deseas que cree un desequilibrio en la ecología natural de mi ambiente?» (Dorothea Kent)

Los líderes son administradores

*D*iscutimos mucho, leemos numerosos artículos y observamos una cantidad asombrosa de libros sobre liderazgo y administración. Aunque son actividades diferentes, los líderes deberían conocer mucho sobre administración y los gerentes deberían conocer mucho sobre liderazgo. Más de noventa y ocho de las empresas estadounidenses las conforman menos de cien personas. La asombrosa mayoría de estas empresas cuentan con menos de cincuenta empleados. Esto quiere decir que a menudo las funciones de líder y administrador caen sobre la misma persona. Por tanto, es necesario que todos sepan algo sobre liderazgo y administración. Esto también es cierto dentro de la familia.

> *Dales ideas y diviértelos soberanamente, porque uno de ellos podría ser rey.*
> Martin Van Doren

En el mundo comercial, el administrador está en las trincheras y en la línea frontal; es quien se ensucia las manos. Enfrenta las responsabilidades diarias de tratar con su personal de un modo eficaz y hace posible que se cumpla el trabajo de manera eficiente. Por otro lado, un líder estimula al administrador a la vez que el administrador refuerza el programa del líder.

El líder tiene un prestigio que con frecuencia combina con ser cabeza de la organización. El administrador expone sus defectos en su trato cotidiano con el personal y disciplina cuando es necesario. Por eso el líder debe apoyar regularmente al administrador y su papel, de modo que todo el equipo reciba el mensaje completo. El líder también debe comprender que de la manera en que trata al administrador, este tratará a su gente y a la vez estos tratarán a los clientes.

En una situación ideal, el líder hace más eficaz al administrador y este hace lo mismo con el líder. El líder delega autoridad, responsabilidades, apoyo y ánimo en el administrador. Se puede decir entonces que los líderes son la chispa de estímulo que alumbra la antorcha de la esperanza de alguien, quien a su vez hace lo mismo con otros. Si aspiras a una posición de liderazgo, pon en práctica esta idea.

Mi hijo adolescente al fin está en paz consigo mismo, pero sigue peleando con todo el mundo. (*Family Life*)

Siempre es mejor hacer que hablar

*H*ay posibilidades de que leas la historia y de que luego tal vez se te ocurra pensar algo adicional. Fue interesante, fascinante, increíble e inspirador. Entonces probablemente pensarás: *Tal vez debería intentar un poco más en mi propia vida.*

Escribo acerca del viaje en 1986 en que Dick Rutan y Jeana Yeager volaron sin parar alrededor del mundo, los cuarenta mil kilómetros completos, en un aeroplano construido de manera especial con un motor extraordinariamente pequeño y alas muy largas. No está por demás decir que para planear el viaje se necesitaron meses de preparación y muchas horas agotadoras de ansiedad. También hubo momentos muy angustiosos cuando falló una bomba eléctrica, diseñada para sacar gasolina del tanque. Una turbulencia inesperada durante el viaje lanzó a Jeana contra la pared de la cabina, lo que le ocasionó pequeñas lesiones. Sin embargo, Dick y Jeana triunfaron e incluso lograron su meta antes de lo planeado.

> **Si no crees que cada día es un buen día, trata de pasar por alto alguno.**

Aproximadamente cincuenta mil personas se reunieron en la Base Aérea Edwards para darles la bienvenida. Por un instante fueron celebridades en las mentes y en los corazones de millones de personas, sin embargo eso quedó en el pasado. Así es la vida. A propósito, la multinacional *Mobil Oil* les suministró un aceite sintético para lo que la compañía describió como «la prueba más dura de la historia». Luego la *Mobil* compró toda una página publicitaria en *USA Today* para felicitar a los dos pilotos por su vuelo sin precedentes. El anuncio terminaba con estas palabras: «Creíamos que se podía lograr, pero ustedes, Dick y Jeana, lo demostraron y siempre es mejor hacer que hablar.».

Nunca se dijeron palabras más ciertas. También es cierto que aunque Dick y Jeana pueden hoy estar lejos del interés público y que los millones que los aplaudieron por su logro ya no piensan más en ellos, lo más importante es que por el resto de sus vidas recordarán que hicieron lo imposible. Esos recuerdos les darán esperanza y ánimo para hacer todavía más. La moraleja es clara: Corre unos pocos riesgos premeditados en tu vida y dales tu mejor ímpetu.

Cualquiera puede ser tenaz si se sostiene lo suficiente.

Tiene ochenta y cinco años, pero ¿y qué?

*B*ob Curtis es un alegre hombre de ochenta y cinco años que contrajo matrimonio a los ochenta. Esto de por sí es extraordinario, sin embargo, hace poco Bob hizo un viaje misionero a Kenia, donde el ritmo que mantuvo habría agotado a muchas personas con la mitad de sus años. Cuando Bob se encontraba en la sexta semana de su campaña, pasó ocho días caminando por las aldeas en las afueras de Nairobi, la capital de Kenia, porque no había vehículos ni carreteras.

Hoy día Bob trabaja a tiempo completo en los *tres* empleos que aceptó para financiar su viaje a Kenia. Labora diez horas diarias durante tres días consecutivos como chofer para una subasta de autos; dedica los sábados a una funeraria en Dallas; además es representante regional de ventas en una compañía dental. Con su fabulosa actitud, Bob sonríe y dice: «Cueste lo que cueste, si soy capaz, lo hago». Este parece ser el principio que guía su vida.

Bob sabe que solo es asunto de tiempo el que su vida termine; por lo tanto, mientras estuvo en Nairobi preparó a uno de los nativos para que continuara su trabajo. Desde 1990 ha estado en veintiún países de todos los continentes. Ahora planea ir a Suiza y Francia. Él atribuye a Dios su buena sa-

> **Es tu actitud y no tu aptitud lo que determina tu altitud.**

lud y la habilidad para viajar tanto. Su fe es tal que afirma nunca haber experimentado un momento de ansiedad en sus viajes porque cree que si Dios demanda algo de él, también lo capacita para lograrlo.

Con fe y una actitud como esta, es posible que después de diez años vuelva a escribir otro capítulo sobre Bob Curtis y sus viajes alrededor del mundo. La historia de este hombre es un gran ejemplo que debe inspirarnos. Es un hombre de acción. Sigue su ejemplo y actitud.

Decir que estamos en recuperación lenta y no en recesión, es como decir que no tenemos ningún desempleado sino solo un sinnúmero de personas atrasadas al trabajo.
(Humorista *Jay Leno, Executive Speechwriter Newsletter)*

¿Voy a o tengo que?

Cada mañana por varios años, puntualmente a las diez de la mañana, una destacada mujer de negocios visitaba a su madre en un asilo de ancianos. Permanecía junto a ella y le daba mucho amor. A menudo le pedían citas a esa hora del día. Su respuesta era siempre la misma: «No, tengo que visitar a mi madre». Finalmente, su madre murió. Poco tiempo después alguien pidió a la mujer una cita a las diez de la mañana. De repente comprendió que ya nunca más podría visitar a su madre. Pensó entonces: *¡Cómo me gustaría poder visitar a mi madre solo una vez más!* Desde ese momento cambió su «tengo que» por «voy a».

Su historia nos hace caer en cuenta de que lo agradable es «voy a». Hoy voy a jugar golf o voy a ir de vacaciones esta semana. Las cosas tediosas son «tengo que». Tengo que ir a trabajar mañana a las siete o tengo que limpiar la casa. Puesto que las percepciones influyen en nuestro pensamiento y desempeño, intenta esto: En lugar de decir «Tengo que ir a trabajar», piensa en las personas desempleadas. Entonces con entusiasmo podrás cambiarlo por: «Voy a trabajar mañana». Si alguien te invita a ir de pesca, en lugar de decir: «No gracias, tengo que ir al partido de mi hijo el sábado», piensa en que algún día tu hijo crecerá y ya no podrás ir a sus partidos. Entonces podrás decir fácilmente: «Voy a».

Mucho de lo que vemos depende de lo que estamos buscando.
Phil Calloway

Es asombroso lo que ese cambio de palabras hará con el tiempo en tu actitud. Descubrirás que ansías hacer algo en lugar de sentir que *debes* hacerlo. Con una actitud diferente el rendimiento será diferente. Con un rendimiento diferente serán diferentes las recompensas. Por tanto, piensa en esto y cambia tus «tengo que» por «voy».

De un crítico literario: «He visto mejores escritos en el costado de una caja de cereales». (Stephanie Mansfield en el *Washington Post*)

Use lo que da resultados

De acuerdo a una columna del *Wall Street Journal* del 15 de agosto de 1995 escrita por Marvin Olasky, alrededor de trescientas veinticinco personas permanecieron de pie el 17 de julio por dos horas bajo el sol de mediodía para cantar «Cuando se vean santos marchar» y para escuchar la acalorada retórica conservadora socialista. Los manifestantes estaban allí para defender un programa de mucho éxito para el tratamiento de la drogadicción, llamado Desafío a los Jóvenes de Texas del Sur, pero los burócratas estatales persistían en su demanda de que el programa se terminara o que enfrentara multas diarias hasta de cuatro mil dólares además de encarcelación.

> **Burocracia:**
> *Grupo inepto y desorganizado comprometido por completo a incrementar su número, a fin de convertir energía pura en basura sólida.*

Durante treinta años los burócratas han dicho a los grupos de tratamiento contra la drogadicción que deben confiar en consejeros profesionales autorizados y con preparación teórica, en lugar de apoyarse en ex adictos y alcohólicos regenerados que dirigen varios de los ciento treinta capítulos del Desafío a los Jóvenes alrededor del país. Sidney Watson, presidente del grupo local de Desafío a los Jóvenes en San Antonio, dice: «He remitido algunos individuos a consejería secular, pero con frecuencia lo único que se consigue es marginarlos. Nuestro programa cambia vidas».

Desafío a los Jóvenes no se ajusta a los trámites burocráticos ni consigue que todos los peldaños tengan «superficies uniformes antirresbalones»; sin embargo, su porcentaje de curación a largo plazo es de 67% a 85% entre los graduados del programa. En la década del ochenta, se nombró un panel de revisión del Departamento de Salud y Recursos Humanos y se descubrió que de trescientos programas contra la adicción, Desafío a los Jóvenes era el mejor y el más económico que inspeccionaron.

Desafío a los Jóvenes, que trata clientes por veinticinco dólares diarios mientras que programas extravagantes cuestan seiscientos por día y son mucho menos eficaces, no puede costear consejeros autorizados, por tanto el programa debía cerrarse.

Dyrickey O. Johnson entraba y salía de centros onerosos aprobados por el Estado: «Tenías tu propio cuarto ... [y] te decían que debías concentrarte en tu mente y en tu fuerza de voluntad ... [pero] un drogadicto no tiene ninguna fuerza de voluntad». Antes de llegar a Desafío a los Jóvenes, Johnson siempre recayó en la cocaína crack y el alcohol. Ahora, desde que se graduó del programa en 1992, ha permanecido abstemio y está casado y tiene dos hijos pequeños.

Es un gusto para mí informar que Desafío a los Jóvenes de San Antonio sigue en la misión de regenerar adictos y cambiar vidas.

Moraleja: El sentido común y la aplicación práctica siguen siendo todavía los mejores medios para llegar a la cima. Dales a ambos una oportunidad.

Por desgracia debes escuchar a algunas personas por mucho tiempo para descubrir que no tienen nada que decir.

Para que la pelota rebote como tú quieras

*M*uchas veces utilizo la expresión: «Lo que te distingue no es lo que te sucede, sino cómo lo enfrentas». Al principio parecía que el rebote no era posible en la dirección de Celeste Baker, pero eso fue solo al principio. Ella tiene una enfermedad en la pierna izquierda llamada distrofia simpatética refleja que le ocasiona muchísimo dolor. La manera en que Celeste enfrenta este desafío es un estímulo para sus compañeros de clase en el instituto de enseñanza superior de Baldwin, Florida, ya que durante el año 1994-95 se ganó el galardón «YO PUEDO» (un premio por logros basados en el carácter). El siguiente ejemplo ayuda a explicar por qué.

La gente olvidará cuán rápido terminaste un trabajo, pero recordará lo bien que lo hiciste.

Un día Celeste llamó a su madre para que fuera a la escuela. El funcionario de recursos de la misma, Keith M. Jowers, supuso que ella quería ir a casa porque tenía dolor y en un esfuerzo por animarla le dijo: «Bien, al menos hoy saldrás temprano de clases». A lo que Celeste respondió de inmediato: «¡De ninguna manera, señor Jowers! Solo quiero que mi madre me traiga las muletas para poder caminar». Ese día la muchacha rehusó perder el resto de clases.

En realidad, Celeste posee la actitud «yo puedo». Juega voleibol y participa en el equipo de natación.

Utiliza las competencias de natación como terapia. Estos son algunos de los comentarios que sus profesores hacen acerca de ella: «Es una alumna muy creativa y encantadora», «Ha sido un placer darle clases en este año» y «Es una estudiante dedicada y trabajadora, es un placer tenerla en clase». Sí, de muchas maneras Celeste es un epítome de la actitud «YO PUEDO». En verdad tiene una gran perspectiva de la vida. Según mi manera de decirlo, lo que te distingue no es lo que te sucede, sino cómo lo enfrentas. Pon en práctica esta idea y adopta la actitud «YO PUEDO».

Las leyes nacionales sobre la purificación del aire surgen del «deseo de los habitantes de Denver de ver las montañas y del deseo de los habitantes de los Ángeles de verse unos a otros». (William Ruckleshaus)

El liderazgo que lidera

*E*l libro de Danny Cox, *Leadership When the Heat's On* [Liderazgo al rojo vivo] ofrece valiosos consejos prácticos sobre liderazgo. A continuación algunos de ellos:

Primero, los empleados mejoran a medida que mejoran sus jefes. A estos no les interesa cuán inteligente o talentoso seas. A las personas les importa tu actitud hacia ellas.

Segundo, los líderes poseen un entusiasmo contagioso. Según lo señala Cox, si no tienes ese entusiasmo, por favor entiende que cualquier otra cosa que poseas también es contagiosa.

> *Antes de gobernar a otros debes aprender a gobernarte.*

Tercero, cuando elaboras una lista de asuntos para el día siguiente, no vayas al segundo punto si no has terminado el primero. Al contrario, entiende que lo que fue número dos ahora se convierte en número uno y psicológicamente se vuelve más importante cuando también das prioridad a terminar ese trabajo. Sigue ese procedimiento con los números dos, tres, etc.

Danny Cox enumera además diez ingredientes en su receta de liderazgo: 1) moral elevada; 2) gran energía; 3) trabajo duro; 4) entusiasmo; 5) metas orientadas; 6) valentía; 7) manejo de prioridades; 8) inconformidad; 9) sensatez; y 10) compromiso con el desarrollo de los empleados.

En una entrevista con George Foreman, Danny dijo que al observar la nariz de George se dio cuenta de que se encontraba frente a alguien que sabía lo que es el dolor.

_¿Cómo soportaste el dolor de convertirte en campeón de pesos pesados? _le preguntó.

_Si veo en mi mente lo que realmente quiero _respondió Foreman_, no siento el dolor que produce conseguirlo.

Cox entonces señala que esa idea ciertamente nos compete a todos.

Danny nos da un consejo excelente. Creo que si la mayoría de nosotros lo seguimos, produciremos más líderes en este país.

Escucha a Danny Cox.

Muchos participantes de la tercera edad en un taller de arte estaban probando varias destrezas manuales por primera vez. Detrás del tabique que separaba mi clase de pintura al óleo de la clase de pintura en acuarela alguien dijo en tono de dulce venganza: «Creo que las mandaré a mis nietos para que las cuelguen en el refrigerador». (Contribución a *Selecciones* por Lynda Alongi)

Tú decides

*P*uedes enfocarte en lo que tienes o lamentarte por lo que no tienes. Sin embargo, quiero resaltar que aquello en lo que nos enfocamos juega un gran papel en lo que podamos conseguir en la vida. Sin duda sabrán que Heather Whitestone, Miss Estados Unidos 1995, ha sido totalmente sorda desde los dieciocho meses de vida. No obstante, Heather siempre se ha enfocado en lo que tiene y no en lo que le hace falta. Se concentra en su habilidad, no en su impedimento. Heather ha sido afortunada al tener padres que creen fervientemente en ella y que la han respaldado, amado y animado. Han trabajado junto con su hija en todo lo que se ha propuesto.

> *Cuando eres del tipo de personas buenas que haces cosas buenas, la ayuda y el estímulo llegarán desde todas direcciones.*

Esta hermosa joven tiene una mente genial. También posee un gran espíritu y una fe sólida, y ha sido una trabajadora persistente toda la vida. Tiene la habilidad de leer los labios y a lo largo de los años varios profesores y muchos otros la han ayudado. Algunos incluso se han tomado el tiempo de hacerle copias de sus notas.

Para resaltar: Innumerables personas también han tenido problemas, pero se han enfocado en ellos en lugar de buscar soluciones. Por favor entiende que estoy haciendo una observación y no una crítica. Nadie sabe cómo otros se sienten y muchos problemas van más allá de soluciones humanas.

Sin embargo, mi observación ha sido que los individuos con actitud de cooperación, cariño, entusiasmo, amabilidad y positivismo atraerán personas que no solo quieren ayudarlos, sino que están ansiosas de hacerlo. La actitud hacia tu limitación en muchas ocasiones es incluso más importante que la limitación misma.

Con mucha frecuencia la oportunidad llama a la puerta, pero será demasiado tarde cuando sueltes la cadena, descorras el cerrojo, quites los dos seguros y desconectes la alarma antirrobo. (Rita Cooledge)

Su compromiso era total

*E*n el mundo del golf hay muchos nombres legendarios: Jack Nicklaus, Byron Nelson, Bobby Jones, Ben Hogan y Arnold Palmer entre otros. Sin embargo, considerando cada factor, muchos aseguran que Ben Hogan debería clasificarse entre los de más jerarquía.

Los logros de Hogan son demasiados como para mencionarlos, estos incluyen doscientos cuarenta y dos finales en las que quedó entre los diez mejores jugadores de los eventos del PGA Tour entre 1932 y 1970. Ganó treinta torneos entre 1946 y 1948, después de estar dos años en el ejército. Sin embargo, más se le recuerda porque el 2 de febrero de 1949 su auto chocó de frente contra un ómnibus interestatal y casi pierde la vida. Inicialmente los médicos no pensaban que sobreviviría. Luego pronosticaron que jamás caminaría ni volvería a jugar golf, pero solo dieciséis meses más tarde Hogan recorría los dieciocho hoyos del Club de Golf Merion en Ardmore, Pensilvania, para darle el toque final al libro de victorias en el abierto de Estados Unidos de 1950.

Una espectacular preparación precede a una espectacular actuación.

Su nombre se menciona a menudo con reverencia y constantemente se hacen comentarios sobre la intensidad de su juego, su compromiso para practicar, su total concentración en el juego y su absoluto deseo de no figurar en nada sin dar de sí lo mejor. No hay duda que Hogan estudió el juego del golf más que cualquier otra persona en la historia y que practicó con diligencia desde el amanecer hasta el anochecer para perfeccionar cada faceta de su juego.

Sé que tal vez no serás un golfista, pero hablo de Hogan debido a que las cualidades que lo llevaron a ser el golfista más grande, lo hubieran llevado a tener éxito prácticamente en cualquier campo al que se hubiera dedicado. Mostró una consagración increíble y una ética firme de trabajo. Estudió el golf más que nadie y siempre tuvo la convicción de que podía mejorar, sin considerar la condición de su juego. Estoy convencido de que tendrás éxito si adoptas estas cualidades y te centras en la carrera o trabajo que hayas elegido.

Si tienes tendencia a jactarte, recuerda que no es el silbato lo que empuja al tren. (O.F. Nichols)

La convicción es la clave

*L*a finada Mary Crowley comentaba con frecuencia que alguien con una convicción hace más que ciento con solo un interés. El compromiso es la clave para permanecer en marcha y completar el proyecto. La convicción precede siempre al compromiso.

Si como vendedor estás convencido de que vendes un producto maravilloso, tu comportamiento, tu lenguaje corporal, la inflexión de tu voz y tu expresión facial comunicarán al posible comprador el convencimiento que tienes de estar ofreciendo algo de valor. Muchas veces la persona comprará no porque crea en el producto, artículo o servicio, sino por la creencia del vendedor en el producto que ofrece.

> *Una persona se persuade más por la profundidad de tus convicciones que por la amplitud de tus conocimientos.*

Nuestros sentimientos son transferibles. A menudo el valor se transmite a la otra persona. Igual pasa con las convicciones. El maestro que cree con fervor en el mensaje que imparte, convencerá al estudiante por la sola profundidad de tal convicción. Una de mis citas favoritas de Mary Kay Ash dice: «Muchos individuos han llegado más allá de lo que creían que podían llegar porque alguien creyó que podían hacerlo». En resumen, la seguridad de ellos, nacida de la convicción de otra persona, los capacitó para lograr algo. La convicción viene del conocimiento y del sentimiento de que lo que estamos enseñando, haciendo o vendiendo es absolutamente bueno. Cuando transmitimos esa convicción a quienes están dentro de nuestra esfera de influencia, se benefician ellos mismos y la sociedad entera.

Muéstrame a alguien de convicciones profundas y te mostraré una persona que ha hecho un compromiso de impartir esas convicciones a otros. Muéstrame un gran líder y te mostraré alguien de profundas convicciones que es capaz de atraer seguidores debido a sus convicciones. También te mostraré un individuo feliz en lo que hace y mucho más próspero que quienes carecen de tales convicciones. Moraleja: Pon en práctica esta idea, desarrolla esas convicciones y haz ese compromiso.

Estoy seguro de que han oído del empleado que siempre entrega a su empresa un día de trabajo honesto. Por supuesto, le toma una semana hacerlo. (Executive Speechwriter Newsletter)

Motivación, manipulación y liderazgo

Con frecuencia se confunde el término *motivación* con *manipulación.* La motivación ocurre cuando persuades a otros a actuar medidas para sus mejores intereses. La motivación lleva a las personas a hacer sus tareas, a aceptar la responsabilidad de su rendimiento y a terminar su educación. A través de la manipulación persuades a otros a hacer algo que primordialmente te beneficiará. Ejemplos de manipulación son vender un producto inferior a un precio inflado o hacer que otros trabajen extra sin pagarles lo que corresponde.

La manipulación autodestruye al individuo que manipula. El mensaje sale de los manipuladores y las personas responden cada vez de manera menos adecuada a su manipulación. Debido a esto declina la productividad. El liderazgo se produce cuando convences a alguien de que actúe para beneficio mutuo. Dwight Eisenhower dijo que el liderazgo era la habilidad de persuadir a alguien a hacer lo que quieres que haga porque desea hacerlo.

> *Un amigo interesado siempre está allí cuando te necesita.*

Cuando eso sucede el desempeño mejora, la productividad se incrementa y ambas partes ganan.

Comparar la motivación con la manipulación es como comparar la bondad con el engaño. La diferencia está en la intención de la persona. La motivación hace que las personas actúen a partir de la libertad de elección y deseos, mientras que la manipulación lleva a menudo a una complacencia forzada. La primera es ética y duradera; la otra es poco ética y temporal.

Thomas Carlisle dijo: «Un gran hombre muestra su grandeza por la manera en que trata al hombre insignificante». El valor que das a las personas determina si eres un motivador o un manipulador. La motivación es moverse juntos para beneficio mutuo. La manipulación es persuadir o incluso forzar a otros con sutileza de tal modo que tú ganes y ellos pierdan. Con el motivador todos ganan; con el manipulador solo él gana. A esto podría añadir que la victoria es temporal y el precio prohibitivo.

Los líderes y los motivadores son ganadores; los manipuladores son perdedores que producen resentimiento y discordia. Conviértete en un motivador, dirige a tu gente y no los manipules.

Oído por casualidad: «Gasto muchísimo dinero... ¡pero nómbrame otro lujo!»

Está en el corazón

*H*oy día el típico baloncestista universitario es tan alto, que puede mirar cara a cara a una jirafa. Por esta razón, es increíble que Keith Braswell, de apenas un metro y medio de alto, perteneciera al equipo de baloncesto de la Universidad de Dayton. Por siete centímetros es el jugador más pequeño en la historia universitaria. Este estudiante novato del Flyers miraba hacia arriba a Muggsy Bogues que mide solo un metro cincuenta y siete y juega en la NBA para Charlotte Hornets. Keith es bastante más pequeño que Spud Webb, quien fue el primer jugador realmente bajo en pertenecer a la NBA.

Tal vez uno de los aspectos más notables es que Braswell llevó al equipo a figurar. Es increíblemente rápido, es un gran lanzador de tres puntos, es un excelente atrapador de pelota y es muy bueno en el rebote. Parte de su éxito lo sintetiza el competitivo entrenador Mike Calhoun, del Eastern Kentucky, quien dice: «Keith tiene un gran corazón», y «su pasión y entusiasmo emocionan a la multitud». Keith Braswell transmite el ingrediente fundamental llamado «esperanza» a hombres y a mujeres de corta estatura, y por consiguiente, a quienes sufren desventajas o incapacidades imaginarias o reales.

No se trata del tamaño del perro en la pelea; se trata del tamaño de la pelea en el perro.

Con esto quiero decir que es relativamente fácil poner a las personas en una balanza y decir con exactitud cuánto pesan. Puedes medir su estatura exacta, pero es imposible medir las cualidades humanas a las que una y otra vez los entrenadores se refieren como «corazón». Es asombroso lo que podemos hacer con nuestras vidas cuando reconocemos, usamos y desarrollamos en su total capacidad lo que está dentro de nosotros. Observa a este hombre joven; es un constructor de esperanza.

«¿Podría decirme dónde puedo encontrar el libro El hombre, el sexo superior?*», preguntó el hombre a la vendedora. «Seguro», respondió ella, «está en la planta alta en el departamento de ciencia ficción».*

La señorita Amy Whittington es una motivadora

Para bien o para mal, en nuestra vida todos influimos con palabras y actitudes en un sinnúmero de personas. Esto quiere decir que todos motivamos.

Sin duda se podría acreditar a la señorita Amy Whittington como alguien que influyó directa o indirectamente en miles de personas. A los ochenta y tres años de edad todavía daba clases en la Escuela Dominical de Sault Sainte Marie, Michigan. Se enteró que el Instituto Bíblico Moody de Chicago estaba ofreciendo un seminario para enseñar a los maestros a ser más eficaces. De modo que Amy ahorró hasta el último centavo para comprar un boleto de ómnibus hasta Chicago. Viajó toda la noche para asistir al seminario a fin de aprender nuevos métodos y procedimientos para hacer un mejor trabajo.

> *Cuán vano es sentarse a escribir cuando no te has puesto de pie para vivir.*
> Thoreau

Uno de los profesores, impresionado por la edad, el entusiasmo y el hecho de que había viajado en ómnibus toda la noche para asistir al seminario, entabló conversación con ella. Le preguntó a qué grupo de edad enseñaba y cuántos alumnos había en su clase. Cuando respondió que, además de la Escuela Dominical, daba clases a trece estudiantes en un instituto de enseñanza media de varones, el profesor le preguntó cuántos muchachos pertenecían a la iglesia. «Cincuenta», contestó la señorita Whittington. Asombrado de que enseñara a más de veinticinto por ciento de la juventud de la iglesia, el profesor respondió: «Con este tipo de récord debería ser usted quien nos indique cómo enseñar». ¡Cuánta razón tenía!

Me apresuro a decir que las personas que son buenas en lo que hacen tienen mayor probabilidad de trabajar àun más y mejorar que quienes tienen bajo rendimiento. ¿Qué clase de impacto tuvo Amy Whittington? Ochenta y seis de los muchachos a los que enseñó en su Escuela Dominical a lo largo de los años terminaron en el ministerio. ¿Puedes imaginarte las miles de personas que directa o indirectamente afectó para bien? Realmente Amy fue una motivadora. Tú también lo eres, por tanto motiva hacia el bien.

Cuando un hombre se vuelve demasiado grande para sus pantalones, encontrará a otro en sus zapatos.

La dignidad de la sencillez

El autor John Maxwell escribe: «Hay gran dignidad en la sencillez. La mayoría de los trabajos literarios inmortales no solo poseen la brillantez de la brevedad, sino también la dignidad de la sencillez. El Padrenuestro solo consta de setenta y una palabras, sesenta y ocho de ellas con un máximo de tres sílabas. Un muchacho de cuarto grado puede leer la Declaración de la Independencia, que revolucionó el pensamiento del mundo entero, en menos de cinco minutos. La sencillez es elocuente, y habla fuerte y claro sin ofender la inteligencia del oyente».

Al leer esto quise buscar la palabra *dignidad* en mi confiable diccionario. He aquí lo que dice: «Calidad de digno. Excelencia, realce. Gravedad y decoro de las personas en la manera de comportarse. Cargo o empleo honorífico y de autoridad».

> *No puedes reprimir a un hombre sin reprimirte a ti mismo.*
> Booker T.

El padre o maestro que trata al niño con dignidad, construye la autoestima de este último y automáticamente incrementa su desempeño, que por lo general también mejora su conducta. El empleador que trata a sus empleados con respeto y dignidad, construye lealtad e incrementa la productividad. Tratas con dignidad a otra persona de cualquier edad, cuando la escuchas con cortesía y le respondes con amabilidad. Tratas a otros con dignidad cuando les muestras respecto a pesar de su ocupación, sexo, raza, credo y color.

Cuando tratas a otros con respeto y dignidad, mejora tu propio respeto y sentido de dignidad.

La sencillez y la dignidad hacen una combinación poderosa. Al luchar por dignidad y usar la sencillez como criterio, simplemente elevas tus posibilidades de logro.

El maestro de ceremonias a la audiencia: «Es para mí un placer presentar ahora las acostumbradas exageraciones de los éxitos de nuestro conferenciante invitado».

El pueblecito que pudo

La mayoría de las personas que piensan en un pujante emporio industrial no piensan en Tupelo, Mississippi. ¡Pero deberían hacerlo! Tupelo posee entusiasmo, espíritu comunitario, sentido común, esfuerzo y compromiso para salir adelante en esta era competitiva. Fueron estas cualidades las que llevaron a la economista Sheila Tschinkel a comentar: «Tupelo es nuestro ejemplo en desarrollo económico». Charles Gordon, director de comunicaciones colectivas en las Industrias Norbord, fabricante canadiense de productos de madera, dice por qué escogieron a Tupelo por sobre otros competidores. Decidieron hacerlo porque «eran las personas más profesionales que hayamos encontrado en círculos de desarrollo industrial».

Nunca critiques nada en tu compañía sin antes haber conseguido una mejor manera de resolverlo por escrito, a menos de que quieras arriesgar tu reputación de ejecutivo y tu capacidad de trabajo.
Maxey Jarmon

La actitud de los ciudadanos y el duro trabajo lograron que dieciocho compañías multimillonarias establecieran su producción en esta ciudad de Mississippi. La lista incluye gigantes tales como la Corporación Sara Lee, Cooper Tire, Rubber Company y varios fabricantes muebles e inversionistas lejanos como Suiza, Brasil y Australia.

Según un artículo de *Wall Street Journal*, existen diversas razones para el éxito de esta ciudad. En primer lugar, Tupelo tiene un compromiso de inversión a largo plazo en la comunidad. En segundo lugar, invierte mucho dinero en forjar una fuerza de trabajo calificada y actúa con rapidez ante las quejas de las minorías. Tercero, sus habitantes están ansiosos de correr riesgos planificados. Por ejemplo, George McLean, editor del *Daily Journal* de la ciudad desde 1943 hasta su muerte en 1983, logró que sucedieran algunas cosas seguras en Tupelo. A fines de la década del cincuenta, en medio de una escasez de espacio para fábricas y almacenes que amenazaba con parar el crecimiento industrial, McLean hipotecó su periódico para construir más de doscientos mil metros cuadrados de espacio industrial. Este tipo de actitudes y el compromiso de los habitantes de Tupelo han atraído a inversionistas de todo el mundo.

La combinación de todos estos factores explica por qué esta pequeña ciudad de Mississippi está dando pasos gigantes. Como prueba adicional, en 1991 se aprobó con ochenta y nueve de los votos un bono de emisión de diecisiete millones de dólares para una nueva escuela secundaria. La enseñanza es que otras ciudades en circunstancias similares pueden tomar el esquema de Tupelo y mejorar impresionantemente las vidas de sus residentes.

Uno de los retos que enfrentan profesores y padres de familia es cómo explicar la importancia de una nutrición adecuada a muchachos que han crecido por encima de 1,80 m. alimentados a base de porquerías.

Responde... no reacciones

*L*a mayoría de las personas estarían de acuerdo en que la pérdida de los brazos para un niño de tres años es una tragedia inconcebible. Eso fue lo que le sucedió a Jon Paul Blenke. Él y sus padres aceptaron con rapidez el hecho de que el niño estaría sin brazos por el resto de su vida y decidieron adaptarse y usar lo que quedaba en lugar de quejarse por lo que se había perdido.

Por desgracia, la mayoría de las personas que pierden parte de un capital físico o económico adoptan el enfoque de «Lo perdí todo y no se puede hacer nada». Jon Paul sabía por instinto que había algo mejor, sus padres lo animaron y los resultados hablan por sí solos.

Cualquier padre estaría orgulloso de tener un hijo como Jon Paul y para cualquier entrenador sería un placer contar con él en su equipo. En la actualidad es un joven sociable, entusiasta y de altas motivaciones que posee una actitud increíble. Cuando alguien le dice lo que no puede hacer, él empieza a idear una manera de hacerlo. Juega fútbol, escribe con los pies, maneja la podadora de césped con sus piernas, nada, patina y practica esquí y juega fútbol americano.

Nuestro futuro estaría asegurado si hiciéramos hoy lo que esperamos hacer mañana.

El entrenador Bob Thompson de Leduc Bobcats dice que Jon Paul es un jugador capaz. Sus compañeros de juego añaden que «en realidad pega como un fenómeno» y además le tienen mucho respeto. Su entrenador dice de este superatleta: «En su mente, Jon Paul no tiene un impedimento. La única posición que no puede jugar es la de *quarterback*, pero si hubiera una manera de hacerlo él la encontraría». Hay pocas barreras en su mente que no puede vencer. Cuando le llega alguna frustración, esta dura poco y muy rara vez se da por vencido.

Tengo la seguridad de que este muchacho se destacará en su vida y desde ya es un maravilloso modelo de conducta. Te animo a aprender de este joven entusiasta.

Los personajes de «Carlitos», Carlitos y Lucy estaban jugando a las canicas y Lucy ganaba. Cuando golpeaba las ágatas y aceradas de Carlitos, este decía: «Suerte, suerte, suerte». El segundo cuadro de la tira cómica era igual. En la tercera escena descaradamente Lucy va calle abajo con todas las canicas de Carlitos y él continúa diciendo: «Suerte, suerte, suerte». Pero cuando Lucy cruza la esquina, él dice: «¡Vaya, esa chica realmente sabe jugar a las canicas!» (Executive Speechwriter Newsletter)

La verdad es más emocionante que la ficción

Lo que el viento se llevó es el clásico. *Scarlett* es la continuación del clásico. Sin embargo, la historia original era más que solo un poco de la verdad. Hubo un tal Rhett Butler, pero su verdadero nombre era Rhett Turnipseed. Scarlett O'Hara era Emelyn Louise Hannon. Bien, Rhett la abandona y se une al ejército confederado. Cuando la guerra termina, él se convierte en vagabundo y jugador. Llega a Nashville, donde su vida gira alrededor de una mañana de Pascua en 1871, en que asiste a una reunión de avivamiento metodista y se convierte en un cristiano comprometido.

Poco después se inscribe en la Universidad de Vanderbilt y se transforma en un predicador metodista. El reverendo Rhett está preocupado por una joven de su rebaño que se ha descarriado y que trabaja en un antro de prostitución en St. Louis. Rhett emprende su búsqueda y la encuentra. Lo totalmente increíble es que la patrona resulta ser su antigua amante: Emelyn Louise Hannon (o Scarlett).

> *Buenas noticias: puedes cambiar; asegúrate de que sea para lo mejor.*

Ella se niega a permitir que Rhett vea a la joven, entonces él la desafía a un juego de cartas. Si gana, la joven quedará libre; si Scarlett gana, la joven se quedará. Rhett ganó.

Afortunadamente la historia termina bien para todos. La joven se casa bien y se convierte en la madre de una familia destacada en la región. Más tarde Emelyn, muy impresionada con el cambio en la vida de Rhett, también se hace cristiana y se une a la iglesia metodista. Con el tiempo abre un orfanato para niños cherokee y muere en 1903. Hoy día se destaca su tumba.

La moraleja es doble. Primero, la verdad es más emocionante que la ficción; y segundo, la gente puede cambiar. Ir de jugador a predicador y de dueña de casa de citas a encargada de un orfanato para niños abandonados representa un cambio total. Por tanto, no te des por vencido. Puedes cambiar.

El cómico J. Scott Homan dijo que estaba tratando de ponerse en forma haciendo cada mañana veinte abdominales. Tal vez esto no parezca gran cosa, pero es el número de veces que se incorpora para apagar la alarma del despertador.

Egoísmo inteligente

La revista *Fortune* publicó un interesante artículo acerca de un multimillonario de Hong Kong llamado Li Ka-Shing. Sus dos hijos, Víctor y Richard, se criaron en el negocio de su padre. Asistían a las reuniones de la junta directiva y a conferencias donde recibían instrucción, información y adoctrinamiento en la filosofía de su padre.

Es obvio que si poseyeras unos cuantos millones de dólares darías a tus hijos una orientación diferente a la que daríamos la mayoría de nosotros. Por ejemplo, ¿cómo explicas a un niño de nueve años que no le puedes dar una bicicleta de doscientos cincuenta dólares porque es demasiado cara cuando ha visto que el dinero no constituye una preocupación para la familia? Pero Li Ka-Shing reconoció que costear la bicicleta no era el problema; era una oportunidad para enseñar principios sólidos.

> *Un individuo no es más grande que sus sueños, ideales, esperanzas y planes. Sencillamente tiene el sueño y trabaja en su cumplimiento. Es el sueño el que hace al individuo.*

Por eso mantenía un razonable control de indulgencias hacia sus hijos. Por lo general, los jóvenes que crecen en familias sumamente ricas (no en las de nuevos ricos formadas por atletas o estrellas de cine, sino aquellas cuyas fortunas han estado en la familia por varias generaciones) están familiarizados con restricciones financieras.

Tal vez lo más fascinante que Richard observó en su padre, un verdadero genio empresarial, era que se asociaba con personas que tenían productos e ideas, pero que carecían de capital. Aprendió que si diez por ciento es un porcentaje justo de utilidad que recibes como resultado de tu inversión, pero sabes que puedes obtener once por ciento, lo más sabio es tomar solo nueve por ciento. Li Ka-Shing enseñó a sus hijos que si ganaba menos de lo que podía ganar, muchas otras personas con buenas ideas y buenos productos, pero sin dinero, se agolparían a su puerta. El resultado neto es que en lugar de hacer un solo negocio provechoso, aunque codicioso, podía hacer muchos negocios buenos y sólidos a un porcentaje más bajo. La cantidad total de las ganancias era extraordinariamente superior. Esto es ser egoísta de manera inteligente, que en realidad es ser sabio y nada egoísta.

Un hipócrita se describe con exactitud como alguien que el domingo no es él mismo.

«Para mantenerme en forma...»

*E*l juramento de los niños exploradores dice en su totalidad: «En mi honor haré lo mejor para cumplir con Dios, con mi país y para obedecer la ley de los exploradores; siempre ayudaré a otros; mantendré fuerte mi cuerpo, despierta mi mente y recta mi moral».

Veamos la porción final de ese juramento: «Fuerte de cuerpo». Cuando cuidamos nuestros cuerpos tenemos más energía para hacer más en nuestra vida personal, familiar y laboral. Un estudio de ejecutivos de alto nivel reveló que noventa y tres por ciento de ellos tienen un alto nivel de energía. Menos de diez por ciento fuman, noventa por ciento hacen ejercicio con regularidad y prácticamente todos conocen sus niveles de colesterol. Los beneficios de la buena condición física son enormes.

> *La falsa humildad es un escape a la responsabilidad.*
> Fred Smith

Tener la «mente despierta» es sin duda importante en esta época que cambia a un ritmo nunca antes visto. Parte de la vida de los jóvenes es la preparación mental a través de la lectura, asistencia a seminarios, del estudio y de escuchar o ver casetes educativas de audio o video. Además, aprenden en los exploradores a estar alertas mentalmente, así como a vivir libres del tabaco, del alcohol y de las drogas ilegales que destruyen la mente y el cuerpo.

La porción de «rectitud moral» es quizás la más importante. Un estudio de las juntas directivas de compañías multimillonarias reveló que el mayor valor en ellas era la integridad. Casi todos los miembros de la promoción de 1949 del Instituto de Comercio de Harvard, reconocida como la promoción más destacada en la historia de ese centro de educación, declararon que su ética, valor y compromiso a ser profundamente morales con sus familias fueron las razones principales de su éxito.

Al poner juntos estos aspectos se da validez al juramento de los exploradores, que de seguirse en su totalidad, va a producir una participación desproporcionada de ganadores en la sociedad. Piensa en esto y haz del juramento de los exploradores parte de tu vida.

—Señor —oraba un hombre—, ¿es verdad que para ti un minuto es como mil años y que un centavo es como mil dólares?

_Es verdad _contestó el Señor.

_¿Me puedes dar un centavo? _preguntó de nuevo.

_Espera un minuto _fue la respuesta del Señor.

¡Nunca es demasiado tarde!

En mayo de 1983, a los noventa y cinco años de edad, Helen Hill recibió su diploma de bachiller y estaba contentísima. Cuando terminó el bachillerato, setenta y seis años antes, ella y sus cinco compañeros de clase no recibieron diplomas formales porque la escuela estaba tan endeudada que no podía costearlos. La señora Hill era el único miembro sobreviviente de la promoción de 1907, por tanto no pudo compartir su dicha y emoción con sus antiguos compañeros de clase. La moraleja es clara: Una desilusión del pasado puede transformarse en un deleite para el presente. ¡Nunca es demasiado tarde!

Carl Carson decidió hacer un cambio en su carrera a la tierna edad de sesenta y cuatro años. A esa edad la mayoría de los individuos piensan en la jubilación, lo cual es lamentable. A los sesenta y cuatro años de edad muchas personas están todavía muy jóvenes y han acumulado experiencias sobre las que pueden construir carreras emocionantes y gratificantes. Carson había tenido éxito en el negocio de alquiler de autos y camiones. En su nueva carrera decidió incursionar en el negocio de consultoría. Su plan original era vender sus servicios a diez clientes. Como muchos de nosotros, cuando alcanzó su modesta meta decidió hacer más. Comenzó publicando un periódico mensual en el que aconsejaba a mil doscientos suscriptores. A

La escalera de la vida está llena de astillas, pero no te das cuenta hasta que te resbalas.

los setenta y cinco años de edad, Carson cruzaba la nación cien veces al año, daba conferencias y la pasaba muy bien.

La moraleja es muy clara: Nunca es tarde para soñar, aprender ni cambiar. Muchos plantean excusas para no alcanzar sus metas: No viven en el sitio adecuado, son demasiado viejos, demasiado jóvenes o tienen un montón de otras excusas. No estoy diciendo que sea fácil pues la vida es dura, ¡pero puede ser gratificante! Es verdad que no puedes parar el calendario ni volver atrás el reloj, pero todavía puedes soñar, fijarte metas positivas y usar tus habilidades únicas.

Muéstrame un hombre que anda con la cabeza erguida y te mostraré a alguien que no ha tenido que usar bifocales.
(*Stripped Gears*)

Salido de las cenizas

*M*uchas veces los desastres y/o las tragedias generan logros increíbles y enormes progresos. Un tornado en agosto de 1883 devastó Rochester, Minnesota. Sin embargo, de esas cenizas se levantó la mundialmente famosa Clínica Mayo. Según Daniel J. Murphy en un reciente artículo del *Investors Daily*, «la madre Alfred Moes, fundadora de las Hermanas de San Francisco, llevó a sus monjas sin preparación para que cuidaran a los habían resultado heridos en el tornado. Estando allí, convenció al médico más importante de la ciudad a que presidiera un hospital que construiría con los fondos que levantaría ella. El nombre de este médico-cirujano fue William Worral Mayo y el hospital, Santa María, fue el precursor de la famosa Clínica Mayo, a la que todavía está afiliado».

Los problemas engendran paciencia; la paciencia engendra persistencia; la persistencia engendra carácter; el carácter engendra esperanza y la esperanza engendra poder.

A principios de este siglo el gorgojo devastó los cultivos de algodón en el sur, afectando de manera particular el estado de Alabama. El desastre sacó a relucir la necesidad de la diversificación. Los agricultores de la región comenzaron a producir maní, semilla de soja, maíz, sorgo, vegetales frescos, etc. A tal punto mejoró la economía, que los residentes de Enterprise, Alabama, erigieron un monumento al gorgojo en el centro de la ciudad.

En mi vida una desgracia aparente fue una bendición encubierta. Me acercaba rápidamente a la fecha de publicación de mi primer libro *Nos veremos en la cumbre* cuando mi vesícula se reventó. Puesto que no me era posible viajar, mi pesada agenda de conferencias se detuvo por veintidós días. Durante diecinueve de ellos pude trabajar de diez a doce horas diarias mientras yacía en cama o descansaba tranquilo en una silla. Si no hubiera dispuesto de esas horas, no habría podido terminar el libro de ninguna manera.

Moraleja: Cuando te ataque el desastre, pregúntate: ¿Qué bendición puede resultar de esto? En muchos casos descubrirás que un desastre temporal puede convertirse en una ganancia a largo plazo.

Dios creó al hombre. Luego retrocedió unos pasos, lo examinó y dijo: «Puedo hacer algo mejor que esto», entonces hizo a la mujer. (Mary Crowley)

Capacidad de empleo

¿Cuántos de los muchos desempleados son empleables? Quizás la mayoría, al menos hasta cierto grado. Pero a muchos no se los puede emplear en los mejores puestos porque no disponen de preparación, antecedentes, educación o deseo de tener mejores empleos. En verdad a ellos les gustaría que alguien sencillamente les diera un empleo, estén o no calificados. Sin embargo, en la industria y comercio los trabajadores deben producir más de lo que cuestan en salarios y beneficios, de otra manera las empresas quebrarían y entonces nadie tendría empleo.

La empresa eléctrica Lincoln de Euclid, Ohio, tenía doscientos puestos disponibles, pero no consiguió llenar las vacantes a pesar de haberse presentado casi veinte mil solicitantes. La razón: Ninguno de ellos sabía matemáticas de secundaria. ¿De quién es la culpa? Algunos podrían decir que sus padres no los disciplinaron ni los obligaron a estudiar; otros dirían que el sistema educacional ya no es apto para satisfacer las necesidades; mientras que otros dirían que el gobierno no ha subsidiado la educación de estas personas.

Podrías terminar la escuela e incluso pasarla fácil. Sin embargo, nunca terminarás tu educación, lo que nunca es fácil.

La realidad nos dice que en última instancia, cada uno debe aceptar la responsabilidad de adquirir la información necesaria para conseguir el empleo que desea. Por ejemplo, la solución para las veinte mil personas que no calificaron en ninguno de los empleos bien remunerados de la empresa eléctrica Lincoln, es capacitarse en matemáticas directamente en uno de los institutos locales. Podrían recurrir a organizaciones voluntarias de alfabetización o al Instituto Nacional de Alfabetización. Además es probable que cada solicitante tenga al menos un amigo calificado que le desee ayudar. Es cierto que para dar este paso se requiere iniciativa y tal vez enfrentar un poco de bochorno, pero rechazarlo no lo hará más fácil ni mejor.

Moraleja: Si quisieras obtener un mejor empleo, consigue ayuda. Es sorprendente lo que tres horas semanales durante diez semanas pueden hacer para mejorar tu técnica, tu confianza y tu autoestima. Hazlo ahora, consigue esa ayuda y tu vida mejorará.

¡No me asombra que haya tenido un complejo de inferioridad cuando era niño! Mi mejor amigo era el capitán del equipo de fútbol, el bateador estrella del equipo de béisbol y el mejor encestador del equipo de baloncesto. Fue el encargado del discurso de despedida en la ceremonia de graduación y quien hizo el papel de José en el drama de Navidad.

Trabajo, ¿quién lo necesita?

Alguien dijo una vez que el padre del éxito es el trabajo y que la madre es la integridad. Si puedes llevarte con estos dos miembros, será fácil tratar con el resto de la familia. Sin embargo, muchos individuos no hacen el esfuerzo necesario para llevarse con el padre y dejan completamente de lado a la madre. Algunos incluso dejan de buscar trabajo tan pronto consiguen un empleo.

Muchas personas opinan que el trabajo debería ser divertido y provechoso, de lo contrario no se debería esperar que lo hiciéramos. Estoy convencido de que el verdadero amor al trabajo, con todas sus recompensas, debe brindar enorme satisfacción. Charles Gow afirma que el trabajo te abre el apetito; le da solidez a tu descanso y te da una perfecta apreciación de un día feriado. La verdad es que todos debemos trabajar.

> *Para hacer que tus amigos, tu familia y tu estilo de vida cambien, tienes que cambiar tú mismo antes.*

Personalmente creo que nadie disfruta más que yo de lo que hace, aunque algunas fases de mi trabajo son tediosas: constantes plazos de entrega y vuelos que se cancelan o que se retrasan y me obligan a sentarme por horas en un aeropuerto o en una sala de espera, por ejemplo. Esto no es divertido ni provechoso, pero es parte de lo que hago, así que cuando los vuelos se retrasan utilizo ese tiempo para investigar y escribir.

Voltaire dijo que el trabajo nos libra de tres grandes demonios: aburrimiento, vicio y pobreza. Con este concepto en mente podemos ver los beneficios y entender que «si no pagas el precio no disfrutas de los beneficios». Thomas Edison dijo: «No hay sustituto para el trabajo duro. El genio es: uno por ciento inspiración y noventa y nueve por ciento transpiración». Benjamín Franklin lo dijo de este modo: «Siempre está brillante la llave que se usa». Finalmente Richard Cumberland observa: «Es mejor agotarse que enmohecerse».

En resumidas cuentas: A menos de que trabajes, te perderás muchas de las alegrías y beneficios de la vida misma. Por tanto, concéntrate en lo que te gusta de tu trabajo y en sus beneficios. Da a tu trabajo esa explosión de energía que tienes el día anterior a salir de vacaciones. No solo disfrutarás más tu trabajo, sino que vendrán a tu camino *aumentos de salario* y *elogios*.

No exageres en tu trabajo. Recuerda que el hombre que siempre está ocupado como una abeja puede despertar y descubrir que alguien robó su miel.

El empresario esta vivo y coleando

A veces una gran pérdida puede ser un catalizador para una ganancia mayor. A principios de la década del ochenta, los agricultores de los condados de Delta y Montrose, en Colorado, perdieron un gran contrato para cosechar cebada, que puso su futuro en peligro. La industria agrícola había sufrido numerosos reveses. La inflación, las altas tasas de interés y otros factores redujeron sustancialmente el número de haciendas. La situación era grave, por tanto el gobernador mandó a su equipo de técnicos en economía a enseñar la agricultura de valor agregado. John Harold, un agricultor local y personaje muy conocido, decidió arriesgarse con el maíz dulce Olathe. En verdad es como dice el proverbio: Se debe tomar un limón para hacer limonada. En 1985 embarcó doce mil quinientas sesenta y ocho cajas de maíz. Ahora embarca quinientas mil cajas cada año. ¿Cómo sucedió?

Cada problema lleva en sí mismo la semilla de un beneficio mayor.

El maíz dulce Olathe había sido por mucho tiempo la cosecha favorita en las colinas occidentales del país. Al mejorar el proceso de almacenaje y embarque y asegurar envíos frescos, Harold hizo de este maíz el favorito desde Atlanta hasta Los Ángeles.

El papel principal de Harold es de coordinador, puesto que trabaja con veinticinco cultivadores, incluyéndose él mismo. Programan la cosecha de modo que se produzca en un período de ocho semanas. El maíz se empaqueta en el campo a razón de cuarenta y ocho mazorcas por caja. Después se transporta en camiones hasta la nevera de Harold, que mide casi siete mil metros cuadrados. Un montacargas saca las cajas y una máquina llamada «concha de almeja» inyecta una mezcla de hielo granizado en cada caja para lograr que el maíz se empaque congelado. Setenta y cinco por ciento del maíz está en los camiones membreteado con la fecha en que se recogió y ninguna mazorca permanece en su nevera por más de tres días.

Al agregar valor a su producto, los agricultores de los condados de Delta y Montrose abrieron un nuevo e inmenso mercado, facilitado en gran parte por el deseo de John Harold de arriesgar y ensayar algo nuevo.

Si tienes un espíritu empresarial y deseos de arriesgar, puedes transformar limones en limonada.

A veces papá gana. Un joven universitario escribe a su padre: «¡No puedo entender cómo puedes llamarte un padre bondadoso cuando no me has mandado un cheque en dos semanas! ¿Qué clase de bondad es esa?» El padre replicó: «Hijo, esa se llama bondad "no mandada"».

Los líderes son comunicadores

Un viejo refrán asegura: «Lo que se puede malentender se malentenderá». Esta moción, aprobada en la junta de concejales en Canton, Mississippi, a mediados de la década del ochenta, es un ejemplo de algo que no se puede entender ni llevar a cabo: «Número uno: Este Concejo resuelve que construyamos una nueva cárcel. Número dos: Se resuelve que la nueva cárcel se construya con los materiales de la antigua. Se resuelve que la antigua cárcel se use mientras se termina la nueva».

En muchas maneras la comunicación eficaz empieza con respeto mutuo, e inspira, anima o instruye a otros a hacer lo mejor. Si respetas a las personas, nunca serás rudo con ellas. Por consiguiente, tratándolas con respeto consigues cooperación dada con entusiasmo y no de mala gana. Los individuos que reciben respeto trabajarán más duro para desempeñarse con altura y desearán hacer cada vez más.

> *La discreción es el arte de armar un incendio debajo de las personas sin hacer que su sangre hierva.*

Si le caes bien a los demás, se esforzarán más para ti. Si no les caes bien, trabajarán para mantener sus empleos, pero en realidad no darán de sí todo lo que pueden dar. Las personas podrían rendir lo suficiente como para mantener sus empleos porque el deber y la responsabilidad demandan que se haga bien un trabajo. Pero el amor y el incentivo las capacitan para trabajar con excelencia. Estableces armonía con los demás, y confianza en ellos, cuando les demuestras constantemente con tus actitudes que te agradan y que los respetas de verdad. De esta manera estarás influyendo en ellos.

La comunicación no necesariamente es una habilidad fácil de aprender, pero en realidad empieza cuando escuchas con seriedad lo que dice la otra persona. Cuando escuchas con respeto aprendes aspectos que pueden marcar una diferencia. La constancia será el resultado; un desempeño continuo es la clave hacia la excelencia. Adquiere estos conceptos y practícalos.

Mi jefe es hombre de palabra y esa palabra es ordinario.

El progreso en la vida

Alguien afirmó con exactitud que cuando contratas a otros más inteligentes que tú, pruebas que eres más inteligente que ellos. Puedes aplicar esto a todas las esferas de aptitud. Un gerente de ventas debe esforzarse con diligencia para contratar vendedores que vendan más que él. De este modo podrán intercambiar información y ser todos más eficaces. Además, al continuar aprendiendo de cada vendedor, el gerente estará un paso más adelante que ellos. El mismo principio se ajusta a la dirección técnica. Un buen director técnico busca asistentes que sepan más de su especialidad que él y así aprende de ellos. Lo mismo es válido para los gerentes de fabricación, ingeniería, arquitectura y otros campos.

Hay una gran diferencia entre un hombre sabio y un tipo listo.

Hace muchos años Lawrence Welk contrató un acordeonista llamado Myron Floren, considerado el mejor en su profesión. Cuando el señor Welk avisó a su representante lo que había hecho, este se puso furioso. Opinaba que un acordeón en la orquesta era suficiente. El señor Welk simplemente sonrió y dijo que el contrato estaba en pie. La primera noche que el representante escuchó a Myron tocar en la orquesta con Lawrence Walk, le dijo que el nuevo acordeonista era mejor que él. Lawrence Welk sonrió y le confió: «Es la única clase de músico que contrato». Esta es la mejor forma de tener éxito. También ayuda a explicar por qué el señor Welk y su

«Champaña Musical» han abarcado cuatro generaciones de aficionados. La excelencia y la consagración para brindar a los clientes el mejor producto posible, pronostican un éxito ilimitado.

Todos podemos aprender y beneficiarnos del conocimiento y el talento de otros. No te intimides por alguien con un currículum vitae mejor que el tuyo y no te sientas superior a alguien que haya disfrutado de menos éxito que tú. Aprende de ambos.

El jefe lee las notas del buzón de quejas y sugerencias y manifiesta que le hubiera gustado que los empleados fueran más específicos: «¿A casa de quién...? ¿A freír qué...?» (Revista *American Legion*)

Cómo terminar bien

*H*ace pocos años mi esposa y yo asistimos al musical *Loco por ti.* Durante la maravillosa representación observé muchos principios importantes que debería seguir quienquiera que busque felicidad y éxito en la vida. Primero, los veintiocho miembros del elenco se esforzaron al máximo desde el «hola» hasta el «adiós». Segundo, el entusiasmo de cada actor fue sobresaliente. Tercero, cada uno dio de sí ciento por ciento sin considerar la importancia del papel. Cuarto, su compromiso de hacer lo mejor fue obvio e inspirador. Quinto, a través de su lenguaje corporal y sonrisas se estimulaban unos a otros. Sexto, su espíritu de equipo, incluyendo los esfuerzos de los tramoyistas durante los cambios de escenario, fue absolutamente fenomenal. Séptimo, la seguridad y la confianza que se tenían unos a otros fue admirable. Ejemplo: Algunos actores caían de espaldas de la plataforma, sin mirar, a los brazos de sus compañeros que los esperaban para sostenerlos. Octavo, la sincronización del tiempo fue absolutamente magnífica. Noveno, hicieron una representación divertida. Décimo, su preparación fue obvia. Decimoprimero, su entusiasmo al actuar incrementaba nuestro deleite en observarlos. Si parafraseo a Will Rogers diría que los actores sabían, creían

La clave de un rendimiento al máximo es un esfuerzo total y agotamiento completo, en busca de un ideal digno.

en lo que hacían y lo amaban. Yendo un paso adelante, diría incluso que se notaba la pasión que tenían por lo que estaban haciendo.

Los elementos que dieron éxito al espectáculo son los mismos que pueden dar éxito a la vida. En el concierto estos elementos incrementaron la competencia y el profesionalismo de los actores. Si añadimos estos elementos a nuestra vida diaria, nuestra productividad incrementará de manera espectacular, nuestro futuro será muchísimo más brillante, la seguridad en el trabajo mejorará sustancialmente y terminaremos bien. Te animo a dar estos pasos que te permitirán ascender por la escalera del éxito.

—Otra vez tengo deseos de cantarle al juez cuatro verdades —dijo el joven abogado a su socio.

—¿Qué quieres decir con «otra vez»? —interpeló el socio.

—Así es —respondió el primero—. Lo mismo sentí la semana pasada.

Al ayudar a los demás te ayudas a ti mismo

Alguien una vez hizo la observación de que la persona envuelta por completo en sí misma hace un paquete muy pequeño que contiene un ser desdichado. Piensa en esto: ¿Has conocido alguna vez alguien genuinamente feliz centrado en sí mismo?

Me encanta la historia que se cuenta a menudo sobre un hombre que caminaba en la montaña. De pronto lo sorprendió una tormenta de nieve y al instante perdió su camino. Sabía que necesitaba encontrar un refugio lo más rápido posible o de lo contrario se congelaría y moriría. A pesar de todos sus intentos, se le entumecieron de inmediato las manos y los pies. En su extravío casi tropieza con otro hombre que estaba casi congelado. El caminante tenía que tomar una decisión: ¿Debía ayudar al hombre o debía continuar con la esperanza de salvarse?

Cristo dijo: «El que quiera hacerse grande entre vosotros será vuestro servidor».

En un instante tomó la decisión y se quitó sus guantes húmedos. Se arrodilló cerca del hombre y comenzó a darle masajes en las piernas y brazos. Al cabo de unos pocos minutos comenzó a responder y enseguida pudo incorporarse. Los dos hombres juntos, sosteniéndose mutuamente, encontraron ayuda. Luego se le informó al caminante que al haber ayudado al otro se ayudó a sí mismo. Su entumecimiento se desvaneció mientras masajeaba los brazos y las piernas del extraño. Su intensa actividad mejoró su circulación y trajo calor a sus manos y pies.

Es irónico pero no sorprendente que cuando él dejó de verse a sí mismo y en su aprieto se enfocó en otro, resolvió su propio problema. Tengo la convicción de que la única manera de alcanzar las cimas de la vida es olvidarnos de nosotros mismos y ayudar a otros a que alcancen mayores cimas.

Es extraño cómo funcionan los porcentajes. Nos hemos topado con doscientas personas que en los estacionamientos han recibido abolladuras en los parachoques de sus autos, pero nunca nos hemos encontrado con una sola persona que haya abollado el parachoque del auto de otra persona. (Bill Vaughn)

Amigos

John Cherten Collins declaró: «En la prosperidad nos conocen nuestros amigos. En la adversidad conocemos a nuestros amigos». El diccionario define que un *amigo* es «alguien que está enlazado a otro por afecto; alguien que guarda hacia otro sentimientos de aprecio, respeto y cariño que lo llevan a desear su compañía y buscar promover su felicidad y prosperidad». En otras palabras, es alguien interesado en hacer algo para otra persona. Un amigo es alguien que ayuda, que acompaña, que favorece; es alguien propicio. Es un término de saludo.

Estoy de acuerdo con la declaración de que en verdad seremos afortunados si al final de la vida podemos al menos contar con dos personas que sean amigos verdaderos, que deseen hacer cualquier cosa por nosotros en cualquier momento y que estén listos cuando estemos dolidos o necesitemos ayuda. Con los amigos podemos hablar sobre cada faceta de la vida: alegrías, aflicciones, triunfos, tragedias, esperanzas, deseos y necesidades. Podemos ser vulnerables con ellos, sabiendo que siempre actuarán para nuestros mejores intereses. Joseph Addison sostiene que «la amistad mejora la felicidad y abate la miseria, duplica la alegría y divide nuestra tristeza». Robert Hall asegura: «Puede decirse que quien haya adquirido

Nadie tiene tantos amigos como para darse el lujo de desperdiciar uno solo.

un amigo sensato y compasivo ha duplicado sus recursos mentales».

Puesto que los amigos y la amistad son muy valiosos, ¿cómo puedes adquirir más? Si vas por la vida en busca de amigos, será difícil que los encuentres. Si vas por la vida esforzándote por ser un amigo, los encontrarás por todas partes. Samuel Johnson dijo: «Si un hombre no hace nuevas amistades en el trayecto de la vida, pronto se encontrará solo. Un hombre debe cuidar constantemente sus amistades». Sigue este consejo y nunca estarás solo.

El representante del estado de Illinois Ellis Levin envió cartas para levantar fondos, en las que aseguraba haber ganado un «reconocimiento especial» de la Revista Chicago. *En verdad lo ganó. La revista lo llamó uno de los «diez peores legisladores» del estado.*

A ella se debe la línea

*T*al vez nunca hayas oído hablar de la doctora June McCarroll, sin embargo es una mujer que dejó su huella en el mundo. Nació en Nebraska y vivió en California como médica general. Curiosamente, su fama no viene del mundo de la medicina. Un accidente hizo que se pusiera a pensar en cómo hacer más seguras nuestras carreteras. En una ocasión le golpearon su automóvil en un costado, así que decidió hacer algo para que los vehículos no obligaran a otros a salir de las carreteras.

Mientras manejaba en una carretera que tenía el centro pandeado, June notó que el hundimiento ayudaba a los conductores a mantenerse en su propio carril. Se le ocurrió una idea y empezó a tratar de persuadir al concejo del pueblo a que «pintara una línea en la mitad de la carretera» para dar ejemplo y para «estar a la cabeza de la nación en seguridad pública». Recibió la típica respuesta burocrática de que su idea era ingeniosa pero poco práctica. Sin embargo, la doctora McCarroll era una de aquellas personas que no aceptaba un no como respuesta, por tanto llevó su idea al club femenino local. El voto fue unánime en apoyo al proyecto. Pero, como dice el refrán, algunas mentes son como el concreto: fundidas y rígidas. June continuó enfrentando la testarudez burocrática por siete años antes de que su idea se implementara.

> *Si crees, si realmente crees, persistirás.*

C.N. Hamilton era un incondicional partidario local del concepto de la doctora McCarroll. Cuando en 1924 se convirtió en miembro de la Comisión de Carreteras de California, convenció a sus compañeros de que aprobaran la pintura experimental de una línea central de cerca de ocho kilómetros a lo largo de la Ruta 99. También se pintó una franja adicional de prueba. Los accidentes disminuyeron de manera espectacular en ambos tramos, de modo que todo el Estado hizo alarde de las líneas McCarroll en sus carreteras. Desde entonces, casi todo el mundo ha seguido este ejemplo.

Moraleja: Cuando concibas una idea en la que creas con fervor, síguela, especialmente si aquellos que respetas creen que la idea es buena. Insiste en ella porque la perseverancia amable y agradable es a menudo la clave para que tu idea llegue a realizarse.

Un optimista es alguien que cree que la mosca está buscando un lugar para poder salir. (George Gene Nathan)

El amor dice no al momento

*H*annah Moore escribió: «El amor no razona sino que se da profusamente: se da del todo como un despilfarrador inconsciente y luego tiembla por si acaso hizo muy poco». El doctor James Dobson observa con sabiduría y exactitud que sin instrucción, el amor no producirá un niño con autodisciplina, dominio propio y respeto por el prójimo. El resultado será un desadaptado social.

Creer que el amor por sí solo es todo cuanto se necesita, es un error trágico sobre el verdadero amor. Amor no siempre es dar a otros lo que quieren; amor es hacer por otros lo mejor para ellos. Esto me hace recordar a mi íntimo amigo, en verdad es más que un hermano, Bernie Lofchick, de Winnipeg, Canadá. Su hijo David nació con una parálisis cerebral y al principio pasó momentos muy difíciles.

> *Porque de tal manera amó Dios al mundo, que ha dado a su Hijo unigénito, para que todo aquel que en Él cree, no se pierda, mas tenga vida eterna.*
>
> Juan 3.16

Cuando David tenía alrededor de dieciocho meses, Bernie y su esposa Elaine tenían que ponerle cada noche aparatos ortopédicos en las piernas. El doctor les ordenó ponerlos cada vez más ajustados y esto causaba gran dolor. Muchas veces David suplicaba: «¿Es necesario ponerlos esta noche?» «¿Se deben poner tan apretados?» Pero Bernie y Elaine Lofchick amaban tanto a David que fueron capaces de decir no a las lágrimas en ese momento para poder decir sí a la risa de toda una vida.

En la actualidad David es un activo, saludable y próspero hombre de negocios, está casado y tiene tres hermosos hijos. La historia del éxito de David es el resultado de un amor tan profundo que sus padres estuvieron deseosos de hacer lo mejor para él y no lo que David quería en ese momento.

Piensa en esto. Haz de esta clase de amor algo primordial en tu vida.

Algunas personas son como el papel secante: se empapan de todo pero también lo manchan todo.

La venganza

«¡Uno de estos días me vengaré de ti!» es una afirmación con la que todos estamos familiarizados. Las personas amenazan o en realidad se vengan de los demás. Lo que sucede es que con la venganza nunca ganamos, que es lo que la mayoría de nosotros queremos.

Me gusta la historia de lo que pasó durante la época del Muro de Berlín. Un día algunos berlineses orientales decidieron enviar un pequeño «regalo» a sus adversarios de Berlín occidental. Cargaron un camión de basura con desperdicios, pedazos de ladrillos, piedras, material de construcción y cosas sin valor. Con autorización pasaron el camión a la frontera y descargaron todo esto en el lado de Berlín occidental.

> *Entre lo que puedes dar y todavía mantener está tu palabra, una sonrisa y un corazón agradecido.*

Está por demás decir que los berlineses de esta parte se enfurecieron y quisieron «vengarse». Iban a «pagar» lo que les habían hecho. Por fortuna intervino un hombre muy sabio y les dio un consejo completamente distinto. Como resultado, respondieron y cargaron un camión de basura con alimentos (que eran escasos en Berlín occidental), ropa (que también era escasa), suministros médicos (que eran aun más escasos) y una gran cantidad de otros artículos indispensables. Llevaron el camión a la frontera, descargaron cuidadosamente todo y dejaron un letrero pulcro que decía: «Cada quien da según su capacidad de dar».

Los berlineses occidentales tomaron al pie de la letra la filosofía de Booker T. Washington: «No permitiré que ningún hombre restrinja ni degrade mi alma haciendo que lo odie». La Biblia dice que cuando pagas mal con bien «ascuas de fuego» amontonarás sobre la cabeza de la persona. En tiempos bíblicos, amontonar ascuas de fuego sobre la cabeza de un enemigo era un acto que el Señor recompensaba. Sonreirás al imaginarte cómo se habrán sentido los berlineses orientales al mismo tiempo que cuánta gratitud habrán tenido por las tan ansiadas provisiones. Apostaría a que se sintieron en cierta forma avergonzados por sus propias actitudes.

Moraleja: Derrótalos con bondad. No devuelvas mal por mal. Sé más grande que eso.

Mi hijo de seis años acaba de conseguirse un perro, de modo que lo estamos enviando a la escuela de adiestramiento y si resulta, también enviaremos al perro. (*Family Life*)

Esta es una filosofía, no una táctica

Con frecuencia digo: «Puedes tener todo lo que deseas en la vida si ayudas suficientemente a otros a obtener lo que desean». He aquí una historia que avala esto en una interesante manera de salvar vidas.

El doctor Bob Price del Hospital Tri-City me envió esta perla: Una de las más grandes historias de éxito de este siglo en Estados Unidos es la del puente Golden Gate. Este fue ampliamente financiado por el Condado Marin y San Francisco, las dos comunidades que conectaba. Debajo del puente había otras dos «comunidades». Una era de los trabajadores del puente y la otra la componían hombres que esperaban que alguien muriera a fin de poder conseguir un empleo.

El temor, ya sea a caer, fallar o a que lo descubran, es una carga muy pesada de llevar.

A veces la espera no demoraba mucho puesto que durante la primera parte de la construcción del puente Golden Gate no se utilizaban instrumentos de seguridad, por lo que veintitrés hombres cayeron y murieron. En la última parte del proyecto, sin embargo, se utilizó una gran red que costó cien mil dólares. Al menos diez hombres cayeron en ella y salvaron sus vidas. Sin embargo, el detalle incidental que se consiguió al asegurar la vida de estos hombres fue veinticinco por ciento más de trabajo. Este veinticinco por ciento incrementó en productividad mucho más de lo que se había pagado por esa red de seguridad, sin mencionar lo que hizo en las familias de estos hombres y las vidas que se salvaron.

Ambas comunidades consiguieron lo que deseaban. Su magnífico puente sirvió para un propósito admirable y lo consiguieron a un precio muy reducido, porque ayudaron a aquellos trabajadores a conseguir lo que deseaban: un trabajo bien pagado, garantizado y seguro. Piensa en esto. Adquiere esta filosofía.

Aun en el trampolín al éxito tienes que saltar un poco.

«Lo que hago dice lo que soy»

*H*ace algunos años escuché acerca de una propaganda en una revista deportiva que recomendaba a los cazadores cómo no desperdiciar los disparos. El anuncio decía: «Por un dólar le daremos la información». Muchas personas mandaron su dólar y la recomendación fue «Haga un solo disparo». La recomendación era buena, aunque el anuncio era engañoso. Sin duda, muchos de los que respondieron se sintieron estafados.

Un clásico ejemplo de alguien que no desperdicia sus disparos es Chris Schenkel, quien fuera uno de los comentaristas deportivos más famosos de la historia. Por más de cuatro décadas se le identificó a menudo como el «bueno en los deportes». Schenkel no finge cuando se le identifica como el bueno que busca el bien de los demás. A pesar de algunas críticas por ser muy liberal con los elogios y por hacer críticas o juicios, Schenkel declara: «Lo que hago dice lo que soy».

Sé tú mismo. Podrás representar muy mal a otra persona, pero nadie más puede representarte tan bien como tú mismo.

El sueño de Chris Schenkel de ser comentarista comenzó tiempo atrás en la década de los treinta. Escuchaba los juegos de béisbol y estudiaba el estilo de los locutores. Su padre le compró una grabadora antigua. Chris grababa los partidos y practicaba mímica como locutor. Cuando era estudiante de primer año en la Universidad Purdue consiguió un empleo de verano en la WLBC en Muncie, Indiana, por dieciocho dólares semanales. En 1952 era comentarista suplente de radio para las peleas de la ABC. Más tarde fue comentarista suplente de televisión para los juegos de fútbol de los Gigantes de Nueva York. Su meta siempre fue ser lo mejor que podía, usando sus capacidades y siendo él mismo.

Hoy día Chris Schenkel es uno de los comentaristas más respetados en Estados Unidos. Consiguió esa posición comprendiendo quién era, siendo un buen investigador, concentrando sus esfuerzos y sin desperdiciar los disparos. La moraleja es clara: «Lo que haces dice lo que eres».

Nadie aprecia el valor de la crítica constructiva más cabalmente que aquel que la está dando.

El empresario de diez años de edad

*M*arc Wright es un diestro artista en el mundo de la libre empresa y de las oportunidades. Es el presidente de la compañía de tarjetas infantiles y uno de los empresarios más jóvenes en Canadá. Empezó su negocio cuando apenas tenía seis años de edad luego de haber escuchado unos casetes de motivación. Después de una visita a un museo de arte, Marc consideró que podía hacer algunos dibujos y ganar dinero. Su madre le sugirió poner los dibujos en tarjetas y venderlos. De inmediato tuvo éxito con algunos conceptos muy suyos.

> *A las ideas no les importa edad, sexo, raza, credo ni color de quién las tiene ni lo que se haga con ellas.*

Toca a la puerta (por cierto su madre va con él) y da su breve pero eficaz charla de ventas: «Hola. Mi nombre es Marc... ¡y me estoy congelando! Estoy vendiendo tarjetas de felicitación. ¿Cuántas le gustaría comprar? Aquí tengo unas pocas. Tome las que desee y pague lo que desee». Sus tarjetas son pintadas a mano en papel rosa, verde y blanco. Abarcan las estaciones del año y Marc las vende aproximadamente tres días a la semana en un total de seis o siete horas. Promedia una tarjeta en setenta y cinco centavos de dólar y vende cerca de veinticinco por hora.

Marc se percató pronto de que necesitaría ayuda, por tanto en la actualidad cuenta con un personal de diez miembros, sobre todo artistas que dibujan los cuadros. Les paga veinticinco centavos de dólar por cada dibujo original. Extendió su operación a través del correo y parece estar cada vez más ocupado. En su primer año ganó tres mil dólares, suficiente para llevar a su madre a Disney World.

A la edad de diez años, Marc se ha convertido en algo así como una celebridad en los medios de comunicación. Apareció en *Tarde en la noche con David Letterman* y lo entrevistó Conan O'Brien.

Marc tuvo una idea, no se puso a pensar en su edad, recibió un poco de estímulo de su madre y empezó su negocio. Pregunta: ¿Tienes una idea comercializable? Si es así, ¡llévala adelante!

Dueño de casa al técnico de televisión: «La imagen se va tan a menudo que lo llamo "Viejo que se desvanece"».
(Bob Thaves, Newspaper Enterprise Association)

Los modales importan

*H*oy día muy rara vez practicamos buenos modales. Sin embargo, tener buenos modales, incluyendo expresar gratitud, constituye una gran ventaja. Criamos hijos malagradecidos que tienen pocas probabilidades de ser felices al no exigirles que digan «gracias» cuando alguien les da un obsequio, al no expresar algo amable acerca de ellos o al no hacer algo por ellos. Es muy raro tener felicidad sin gratitud. Con gratitud suben marcadamente las probabilidades de que haya como resultado la felicidad.

La historia de Roy Rogers constituye un clásico ejemplo del valor de la gratitud en acción. Después de destacarse en su primera película, recibió de sus admiradores gran cantidad de cartas que él deseaba contestar. Sin embargo, su salario de ciento cincuenta dólares semanales ni siquiera cubría los costos del correo. Roy habló con el jefe de Republic Pictures con la esperanza de que el estudio manejara parte de su correo de admiradores. Lo rechazaron rotundamente y le dijeron que era ridículo pensar en contestar dichas cartas, puesto que nadie lo hacía. Esto le tomó mucho tiempo y dinero.

> *La gratitud es la más saludable de las emociones humanas.*
> **Hans Selje**

Roy Rogers, uno de los buenos elementos que hay en la vida, no podía entender el punto de vista del estudio. Su convicción era de que si alguien había pensado lo suficiente en él como para escribirle una carta de admiración, él también debía tener suficiente respeto por la persona y contestarle. Por fortuna la película que le ocasionó el «problema» lo hizo tan popular que pudo hacer una gira de aparición personal. Viajó varias millas y desempeñó incontables presentaciones de una noche para pagar los salarios de las cuatro personas que necesitó para contestar las cartas de sus admiradores.

Como resultado de haber contestado cada una de las cartas, estableció un club de admiradores que fue leal con él y sigue siéndolo muchos años más tarde. Así es, los buenos tipos y los muchachos nobles realmente salen ganando. Por tanto, desarrolla buenos modales, respeta a los demás y sé agradecido por lo que tienes.

No me importa que mi hijo gane más de lo que yo gané en mi primer empleo. ¡Lo que me molesta es que solo tenga seis años y sea su mesada!

Este camino a la felicidad

*H*ace varios años escuché la afirmación: «La felicidad no es placer, es victoria». Hay mucha verdad en esto.

Es fácil suponer que la felicidad es algo que todos deseamos. Es cierto que otras personas pueden darte placer, pero nunca serás feliz a no ser que hagas algo por otros. Nada da mayor felicidad y alegría que hacer por los demás algo que les aumente su gozo por la vida. A propósito, no puedes comprar la felicidad con dinero, aunque es verdad que una adecuada cantidad de dinero ayuda a eliminar algunos aspectos que producen malestar.

Las cosas que más cuentan en la vida son las que no pueden enumerarse.

Los estudios revelan que quienes están absortos en tareas que disfrutan y encuentran desafiantes, han adelantado un paso hacia la felicidad. Desde hace mucho tiempo los investigadores han reconocido que las personas (en especial hombres) casadas son más felices y viven más. Quienes tienen un programa regular de ejercicio y mantienen buen estado físico, particularmente desde un punto de vista aeróbico, son más felices.

Un artículo en *Psychology Today* [Sicología de hoy] declara de modo específico que una de las maneras de ser feliz es «cuidar el alma». El artículo señala que las personas religiosamente activas tienden a informar más felicidad y enfrentan las crisis de mejor manera. La fe brinda una comunidad de apoyo, una sensación de significado de la vida, una razón para no enfocarse solo en uno mismo y una perspectiva eterna de los altibajos temporales de la vida.

Un estudio conducido por David Jensen, que abarca una variedad de personas de todo estilo de vida, concluye que quienes se fijan metas y desarrollan un plan de acción para conseguirlas son más felices y saludables, ganan considerablemente más dinero y se llevan mejor con los de su casa que quienes no tienen objetivos definidos y claros. Considera este factor de felicidad al fijarte metas.

El joven ejecutivo a su amigo: «Mi jefe y yo nunca tenemos conflictos. Él va por su camino y yo voy por el suyo». (*Cincinnati Enquirer*)

La vida es como una rueda de molino

Creo que este título es verdadero. En realidad la vida es como una rueda de molino que te oprime o te pule. Parece que algunas personas se han recuperado luego de desastres, derrotas o casi todo tipo imaginable de dificultad. De seguro este es el caso de Iyanla Vanzant. De acuerdo a un artículo del 28 de junio de 1995 del *Dallas Morning News*, a Iyanla la violaron cuando tenía nueve años. Tuvo un hijo a los dieciséis y una crisis nerviosa a los veintidós años de edad. Vivió once años del bienestar social.

> *Son sabios quienes han aprendido estas verdades: la aflicción es temporal, el tiempo es un tónico y la tribulación es un tubo de ensayo.*
> William Arthur Ward

Su deseo de ganar y su espíritu de nunca decaer, en combinación con sacrificio, perseverancia y fe, llevaron a Iyanla a la cumbre. Obtuvo un título en leyes y se convirtió en una abogada criminalista. Además es escritora, animadora de radio y televisión y conferenciante motivacional. Sus mensajes universales parecen remontarnos a la clase de espíritu de nuestras abuelas. La vida de Iyanla prueba que no es importante dónde comienzas ni lo que te suceda a lo largo del camino. Lo que importa es que perseveres y nunca te des por vencido.

Es una persona optimista, entusiasta y animada que se deleita persuadiendo a otros a que también pueden conseguirlo todo y hacer grandes cosas de sus vidas, sin que importe su pasado. Iyanla sabe y dice a otros que esto no es fácil, pero cree que se puede lograr. Podría añadir que comparto la misma convicción, por tanto sal adelante por ti mismo, trabaja con buena actitud, persevera y espera que sucedan grandes cosas.

Un hombre en la ventanilla de multas de tráfico en nuestro tribunal local se sintió obviamente disgustado al pagar su multa. Cuando el cajero le entregó el recibo, gruñó: «¿Qué hago con esto?» «Guárdelo», contestó animadamente el cajero. «Cuando tenga diez, consígase una bicicleta». (M. Dwight Bell)

Se busca: un amigo más

*A*lguien observó que un extraño es solo un amigo que no has conocido. Mi confiable diccionario dice que un amigo es alguien que está unido a otro por cariño, el cual lo lleva a desear su compañía; es alguien que tiene suficiente interés en servir a otro.

La definición del diccionario describe ampliamente a Mike Corbett, quien junto con su amigo Mark Wellman inició el ascenso a El Capitán el 19 de julio de 1989. El Capitán es una pared escabrosa de roca de casi mil doscientos metros sobre el fondo del valle Yosemite en el norte de California. Es uno de los montes más difíciles de trepar para los escaladores de roca. La combinación de dificultad y peligro es suficiente para poner a prueba la fuerza y el valor hasta de los escaladores más selectos del mundo.

A Wellman y Corbett les llevó siete días la escalada. Encontraron temperaturas de más de 40_C y ráfagas de viento que hicieron el ascenso aun más difícil. Cuando alcanzaron la cumbre, Corbett se puso de pie en señal de victoria, pero Wellman sencillamente se mantuvo sentado. Es la primera persona que escala El Capitán sin el uso de sus piernas.

> *La vida es una empresa emocionante y es más emocionante cuando se vive para otros.*
> **Hellen Keller**

Wellman dejó de escalar en 1982, después de quedar paralizado como resultado de una caída. Desde ese momento, el único ascenso de rocas que había efectuado estaba en sus sueños. Entonces Corbett lo convenció de que podrían escalar juntos la montaña. Con seguridad Wellman no lo hubiera logrado sin Corbett, quien dirigía el camino y ayudaba a Wellman a moverse en cada etapa, siempre más hacia la cima. Tal vez el pináculo de amistad y valor se alcanzó cuando al séptimo día Corbett no podía asegurar los clavos en la roca lisa que bordea la cumbre. Conscientes de que un paso en falso los precipitarían a una muerte segura, Corbett colocó a Wellman en su espalda y trepó la distancia que le faltaba.

Una vieja pero cierta afirmación sostiene que si tienes un amigo seas un amigo. Te animo a ser un amigo como Mike Corbett lo fue para Mark Wellman.

El secreto de la buena administración es mantener a los tipos que te odian lejos de los que aún están indecisos.
(Casey Stengel)

Mi personaje inolvidable

La historia de Eartha White apareció en la revista *Selecciones* hace cerca de cuarenta años. Medía 1,37 m de alto y era hija de un antiguo esclavo. Ella creía que «el servicio es el precio que pagamos por el espacio que ocupamos en este planeta». Se regía por el principio de que cada uno de nosotros debemos hacer todo el bien que podamos en todas las formas que podamos en todos los lugares que podamos a todos cuantos podamos mientras podamos.

La señorita Eartha desistió de una carrera prometedora en la ópera para asociarse a su madre y ayudarla con la gente que llegaba al comedor gratuito que atendía. Eartha daba clases en una escuela para adolescentes de dieciséis años, luego utilizó sus pocos ahorros y abrió una tienda de abastecimientos que surtía sobre todo a afroamericanos. Finalmente inauguró una lavandería a vapor, una agencia de empleos, una compañía de bienes raíces y una oficina de seguros. Consiguió una propiedad valorada en un millón de dólares, que destinó en su mayor parte a proyectos que la convirtieron en un departamento de bienestar social compuesto por una sola mujer.

Ama a tus enemigos. Sin ellos probablemente no tendrías a nadie más que culpar que a ti mismo.

Su vida estaba dedicada a ayudar a los demás. Extendió sus manos y levantó a quienes necesitaban ayuda en lugar de opresión. Eartha sostenía una casa de huéspedes para indigentes y un hospital de caridad para quienes se encontraban totalmente desamparados. Llevó a madres solteras a otra casa y en una distinta se preocupó por alcohólicos en recuperación. Además donó inmuebles para dos centros de cuidado infantil y convirtió una sala vacía de cine en un centro recreacional para niños de los suburbios. Su profunda fe la llevaba a citar Juan 15.7: «Si permanecéis en mí, y mis palabras permanecen en vosotros, pedid todo lo que queréis, y os será hecho».

Eartha trabajó duro, vivió con mucha esperanza y murió satisfecha. Si cada uno de nosotros hiciéramos una fracción de lo que ella hizo, la contribución a la sociedad sería grandiosa. Es difícil superar la alegría pura de dar y hacer algo para otros. Así que actúa. Sigue el ejemplo de Eartha White y el camino a la cumbre será más fácil.

Un letrero al principio de la fila donde estaban las manzanas en el picnic de la iglesia: «Dios está observando, tome solo una». Al final de la otra línea donde estaban las galletas, un pequeño rótulo decía: «Tome las que quiera. Dios está ocupado mirando las manzanas».

No es dónde arrancas sino hacia dónde vas

*D*ave Longaberger se graduó del instituto de segunda enseñanza a los veinte años de edad. Repitió primer grado una vez y quinto grado tres veces. Su nivel de lectura es de octavo grado, tartamudea y tiene epilepsia. En 1996 su empresa, la Compañía Longaberger, vendió más de quinientos veinticinco millones de dólares en cestas hechas a mano, cerámica, tejidos y otros artículos de decoración para el hogar a través de treinta y seis mil vendedores independientes en toda la nación. ¿Cómo sucedió?

Dave tiene varios aspectos positivos a su favor. Posee espíritu empresarial. Cuando era niño trabajó en tantas cosas, que su familia lo llamaba «el millonario de veinticinco centavos». En sus empleos aprendió muchas lecciones importantes. Cuando tenía siete años y trabajaba en una tienda de abarrotes aprendió que la manera de complacer al jefe era imaginar qué deseaba este y hacerlo. Además, en cada empleo analizó a las personas y aprendió de ellas. Ejemplos: el trabajo podía ser divertido y él rendía más cuando lo disfrutaba. Mientras más le agradara a las personas con las que trabajaba, más probabilidades había de que quisieran continuar trabajando con él.

> *El genio engendra grandes ideas y conceptos. El trabajo duro genera el resultado.*

En el ejército aprendió acerca de la disciplina, el control, la constancia y del centro principal de operaciones. También aprendió cómo correr ciertos riesgos sin ser un jugador. Por ejemplo, abrió un pequeño restaurante con muy poco capital. El día de la inauguración tenía ciento treinta y cinco dólares que invirtió en comprar lo necesario para el desayuno del día. Después del desayuno tuvo suficiente dinero y compró abastecimientos para el almuerzo. Después utilizó el dinero que obtuvo en el almuerzo para preparar la cena. ¡Eso es comenzar un negocio a manos limpias!

Más tarde Dave compró una tienda de comestibles y la dirigió con mucho éxito. Todo el tiempo se estuvo preparando para cosas mayores y mejores. Su optimismo, paciencia y esfuerzo lo capacitaron para vencer muchas dificultades. Todos podemos aprender de las lecciones que Dave aprendió en su camino. (Para saber más acerca de la Compañía Longaberger, busca en su sitio Web: w.w.w.longaberger.com.)

Recuerda, muchos aprendemos de los errores de otras personas, los restantes somos las otras personas.

Un incidente puede cambiarnos para siempre

*E*n el último siglo un muchacho rico y un muchacho pobre vivían en el mismo vecindario. El rico vestía ropa fina, vivía en una hermosa casa y tenía suficiente comida buena y nutritiva. El pobre vivía en una casa ordinaria, vestía andrajos y tenía muy poco o nada que comer. Un día ambos chicos se pusieron a pelear y el rico ganó. El pobre se levantó, se sacudió el polvo y le dijo al otro que habría ganado si su alimentación hubiera sido tan adecuada como la del rico. Después de decir eso dio media vuelta y se alejó. El muchacho rico se quedó sorprendido. Lo que el otro le dijo lo dejó paralizado. Su corazón se sintió triste porque sabía que eso era verdad.

El muchacho rico nunca olvidó la experiencia. Desde ese día se reveló contra todo tratamiento preferencial por ser rico. Se vistió con ropas baratas; intencionalmente soportó las privaciones que enfrentan los pobres. A menudo su familia se avergonzaba por la manera en que vestía, pero a pesar de la presión familiar el joven nunca más sacó ventaja de sus riquezas.

Nuestro propósito en la vida debe ser vernos unos a otros con transparencia y sin engaños.

La historia omite el nombre del muchacho pobre, pero el rico desarrolló tal compasión por los pobres que hizo de ellos el trabajo de su vida. La historia registra su nombre. Dedicó su vida a servir y llegó a ser un médico de talla mundial que sirvió en el África. Su nombre fue Albert Schweitzer.

No sugiero que seamos tan desprendidos como Albert Schweitzer, sin embargo creo que debemos estar más a tono con los pensamientos y sentimientos de los demás. Muy pocas personas han tenido tanto impacto en el mundo como Albert Schweitzer. Muchos menos han tenido tanta satisfacción en la vida como él.

Optimista es quien usa su último centavo en comprarse una billetera.

Improbable, imposible y no puede suceder

Comenzó su carrera en el torneo de veteranos de la PGA, calzando zapatos tenis y pantalones de dos dólares. No tenía guantes. Llevaba una bolsa de golf de veinte dólares y un juego de palos de golf de setenta. Es barrigón, tiene patillas largas y juega con una parada amplia y un fuerte agarre derecho. Levanta sus manos en alto y lejos y usa un swing de tres cuartos. (Esta no es la forma en que los profesionales del PGA enseñan a jugar.)

Acabo de describir a una de las últimas adquisiciones del torneo de veteranos de la PGA. A los cincuenta años, Robert Landers debe ser el candidato con menos posibilidades de participar alguna vez en el torneo de los prestigiosos veteranos. Un guionista de cine nunca hubiera vendido este caso a Hollywood. Robert empezó a jugar a los veintidós años y participó en su primer torneo cuando tenía veintiocho. Entre 1983 y 1991 tuvo problemas de espalda que le impidieron jugar y practicar el juego que amaba. Desde entonces ha jugado solo una vez a la semana como promedio. Es completamente autodidacto. Nunca ha leído un libro de golf ni ha recibido lecciones.

Aprovecha el tiempo y vive con sabiduría y harás que sucedan cosas buenas.

Estos no son todos los altibajos que ha sufrido este golfista. El almacén donde trabajaba y ganaba dieciocho mil al año quebró y por consiguiente perdió su empleo. Pudo participar en las finales cortando y vendiendo leña; al hacerlo, fortaleció las manos. Robert Landers tiene una pequeña finca en la que practica tirando pelotas de golf sobre su establo y sobre su ganado. Hizo efectivo cuatro mil dólares de su cuenta de jubilación de diez mil dólares para financiar su viaje a Florida y clasificar para el viaje. De manera inesperada, lo consiguió.

Moraleja: Robert Landers tuvo un sueño casi improbable. Hizo el compromiso de ir tras él y sacó ventaja de toda oportunidad para practicar y prepararse para el desafío. Evitó la enfermedad P.D.M. («pobre de mí») y aprovechó su capacidad natural y actitud triunfadora. ¿Quién sabe? Tal vez el mismo planteamiento te dará resultado si persistes en tu sueño.

La infancia es un período de cambios rápidos. ¡Entre los doce y los diecisiete, un padre puede envejecer treinta años! (Sam Levenson)

¿Garantizan muchas horas mayor productividad y rendimiento?

Tal vez sí. Tal vez no. El sicólogo industrial John Kamp dijo en un artículo del *Wall Street Journal:* «Todo el mundo tiene un límite diferente. Pero hay un momento para cada persona en que las horas extra ocasionan una disminución en la calidad del trabajo y un aumento de estrés». Parece haber una línea muy fina entre la productividad extra creada por las horas extra y una baja en la calidad y creatividad del producto terminado de esas horas extra.

Además, según un artículo en *USA Today,* la causa principal de la disminución de la productividad en Estados Unidos son los problemas matrimoniales. Parece que quienes trabajan muchas horas para ser más productivos, en realidad lo que consiguen es dañar su productividad y sus matrimonios. Estos individuos pueden llegar a perder la capacidad de apreciar y alcanzar las metas de su empleador.

> *Pon delante tu mejor pie y no arrastres el otro.*

«Queremos asegurarnos de que las personas vean cómo sus esfuerzos están en correspondencia con la visión total», dice Kirby Dyess, vicepresidenta de recursos humanos de Intel. Además, Intel recela que el exceso de trabajo quizás importune la vida personal de los trabajadores. La señora Dyess dice que en estudios efectuados durante los últimos cinco años, los empleados de Intel que muestran éxito en el equilibrio de sus obligaciones, tanto profesionales como personales, tuvieron más posibilidades de decir que podían tolerar las presiones competitivas (tales como ambigüedad y modificación) que quienes dicen que el trabajo domina sus vidas.

Un estudio interno en Intel entre horas trabajadas y ascensos no mostró ninguna correlación. Los estudios, la experiencia y los resultados pesan más. Sin embargo, la señora Dyess dice que hay momentos en que tiene sentido trabajar horas extra. Maury Hanigan, un consultor de Nueva York que asesora a empresas en estrategias de personal, dice que en un nuevo empleo «debes adaptarte hasta el momento en que puedas levantarte para arrancar y hacer tu puntuación», tal vez durante un año.

Tanto tu vida personal como la familiar y laboral son *muy* importantes. Los líderes y administradores astutos son receptivos a esta verdad. La mejor forma de tener éxito es mantener el equilibrio.

A algunas personas no les molesta meterse en deudas, lo que les molesta es meterse con sus acreedores.

La vaca totalmente equipada

Se cuenta la historia de un campesino que fue a una venta de automóviles a comprar un modelo simple y terminó con todo tipo de novedades. El vehículo estándar de $14.000 se convirtió en un lujoso vehículo de $22.000. Le encantaron todos los extras, pero en realidad se excedió en su presupuesto. Pocos meses después tuvo la oportunidad de equilibrar la balanza al menos en forma parcial. El vendedor que le había vendido el carro apareció en su finca para comprar una vaca. Después de mirar cuidadosamente la manada tomó su decisión y preguntó: «¿Cuánto cuesta?»

Las grandes cosas se consiguen con movimientos lentos. Nada se realiza permaneciendo quieto.

Con agrado el campesino contestó que el precio era $395. El vendedor se sintió satisfecho y manifestó que se llevaría la vaca. El campesino entró en su cabaña, calculó los detalles, salió y presentó al vendedor una cuenta por un total de $920. Está por demás decir que el vendedor respondió con cierta sensibilidad: «¡Pero pensé que me había dicho que el precio era $395! El agricultor le aseguró que ese era el precio de la vaca estándar, pero que esta venía equipada con una cubierta de piel de vaca de cuero legítimo a dos colores por un adicional de $95. Tenía un compartimiento estomacal interno extra para aumentar la capacidad de acción que costaba $110. El matamoscas adjunto valía $35 y $15 por cada uno de los cuatro dispensadores de leche hacían un extra de $60. El colorido par de cuernos, cada uno por $20, daban un total de $40 y la planta fertilizadora automática, garantizada de por vida, costaba otros $125. El total era de $465 y el impuesto de $60.20, por tanto la cuenta llegaba a $920.20.

Estoy seguro de que al leer esto habrás sentido un grado de empatía con este campesino. Tal vez la sonrisa que te provocó la historia y el hecho de que puedas transmitirla a otros reducirá en algo el dolor que tienes cuando en ocasiones te has sobrepasado en tu presupuesto. Adelante, ríe a carcajadas. Cuéntaselo a otros.

Lo último que mis hijos hicieron para ganar dinero fue perder sus dientes de leche. (Phyllis Diller, «Rod's Ponders» [Las reflexiones de Rod], 16 de mayo de 1994)

Gratifícate

*E*l finado William Arthur Ward ha sido uno de mis escritores favoritos. Fueron realmente notorias sus reflexiones y capacidad de poner en pocas palabras una filosofía de vida. He aquí un ejemplo de su libro *Reward Yourself* [Gratifícate]:

Un hombre telefoneó a su médico y exclamó con ansiedad:

—Por favor doctor, venga ahora mismo. Mi hijo se ha tragado mi pluma estilográfica.

—Estaré allí de inmediato —contestó el galeno—. ¿Pero qué hace mientras tanto?

—Estoy usando un lápiz —respondió el padre.

Lo que hacemos «mientras tanto» es de vital importancia para nuestras vidas y para las de otros. Lo que hacemos con nuestro tiempo libre puede formar o destruir nuestro carácter. Puede levantar nuestra fortuna o estropearla.

> *Hablar de «simples palabras» es como hablar de «simple dinamita».*

Mientras esperamos que el semáforo cambie podemos orar por nuestro presidente, por nuestra nación y por el mundo.

Mientras esperamos un ascensor podemos permanecer en calma y saber que Dios existe y que tiene el control del universo.

Mientras manejamos o pedaleamos a nuestro trabajo podemos meditar con gozo y seguridad en lo que es verdadero, puro, hermoso y positivo.

Mientras lavamos los platos, cortamos el césped o realizamos cualquier otra labor que no requiera nuestra total atención, podemos cantar, silbar o tararear el tono de grandes cánticos e himnos que inevitablemente hacen la vida más bella para nosotros y para nuestros congéneres.

Mientras estamos sentados en la sala de espera de nuestro médico o dentista podemos agradecer a Dios por profesionales dedicados y podemos orar por esos pacientes que tal vez estén ansiosos, temerosos, desanimados o adoloridos.

Lo que hacemos «mientras tanto» con nuestros dorados momentos puede enriquecer e inspirar, animar y alentar, bendecir y alumbrar nuestro importante rincón en el mundo.

Estas son más que palabras en un pedazo de papel; presentan una filosofía de vida. Adóptalas y en verdad estarás gratificándote.

Un hombre a un amigo: «Entiendo por qué la inflación continúa. Todos ganan dinero cinco días a la semana, pero el gobierno gasta siete días semanales». (Don Reber en el Reading, Pensilvania, *Times*)

Sé amable y escucha

*U*na persona sabia dijo que es agradable ser importante, pero que es más importante ser agradable. Otro viejo refrán dice que cuando hablas no aprendes, aprendes solo cuando escuchas.

Escuchar evitará algunos desconciertos e incluso te podría permitir ganar algo de dinero. Por ejemplo, cuando Tommy Bolt participaba en torneos de golf, ganó una reputación bien merecida debido a su mal carácter. Rompía y lanzaba los palos de golf de tal modo que los hacía añicos, lo que provocaba chismes en los vestidores y comentarios en los medios de comunicación. En un torneo contrató a un caddie que tenía fama de hablador, por tanto Bolt le dijo que permaneciera callado y que limitara su conversación a «Sí, señor Bolt» o «No, señor Bolt».

La paciencia es demasiado valiosa como para perderla, por tanto controla la tuya con cuidado y probablemente no la perderás.

Como cosa del destino, uno de los lanzamientos de Bolt fue a dar cerca de un árbol. Para llegar al campo debía golpear la pelota debajo de una rama y por sobre un lago. Con cuidado analizó el caso y tomó la decisión. Sin embargo, según pasa con frecuencia, hablando a medias a su caddie y a medias consigo mismo, preguntaba:

—¿Debo golpearla con el hierro número cinco?

—¡No, señor Bolt! —respondió el caddie, que estaba bien despabilado.

Bolt no estaba escuchando. Su temperamento y orgullo le llevaron a expresar de inmediato:

—¿Qué quieres decir... cómo que no debo usar un número cinco? ¡Observa este tiro!

—¡No, señor Bolt! —contestó el caddie, que seguía obedeciendo las instrucciones.

Bolt no escuchaba. Apuntó con exactitud y lanzó bellamente la pelota al campo. La pelota paró como a medio metro del hoyo. Con mirada de autosatisfacción, Bolt pasó al caddie su palo cinco.

—¿Qué piensas de esto? —comentó—. Anda, habla ahora.

—Señor Bolt, esa no era su pelota —respondió el caddie.

Golpear la pelota equivocada le costó a Tommy Bolt un castigo de dos tiros y mucho dinero. Moraleja: Sé agradable con la gente, en especial con quienes te sirven, y escucha lo que tienen que decirte.

Nada confunde más a un hombre que ir detrás de una mujer que maneja bien.

Maestros inspiradores producen alumnos inspirados

La señora Romayne Welch de la Escuela Primaria Reynolds en Baldwinsville, Nueva York, es una destacada maestra. Es un ejemplo de lo que pueden producir la dedicación, la inspiración, el amor por los niños y un compromiso con la excelencia. Esta dedicada maestra y sus estudiantes son muy creativos. Ven una oportunidad en cada problema. Durante la sesión de la escuela en 1993 produjeron una obra magnífica: *Ópera de Creación Original*. ¿Puedes imaginar a niños de nueve y diez años escribiendo, produciendo y ejecutando su propia ópera, con un alumno de quinto grado como director de orquesta? La señora Welch dice que la parte más difícil para ella fue «dejar que los niños actuaran y permitirles que tomaran decisiones y las llevaran a cabo».

Dentro de cada persona hay semillas de grandeza. La responsabilidad de padres y líderes es nutrir y cultivar esas semillas.

A la clase se le asignaron solo ciento veinticinco dólares para la producción total, pero solamente los equipos para las candilejas costaban esa cantidad. Los alumnos utilizaron su creatividad para levantar fondos y consiguieron los mil doscientos adicionales que necesitaban. Los niños de los segundos hasta los quintos grados elaboraron cinco juegos de tarjetas para apuntes en paquetes de seis unidades. Las diseñaron con símbolos musicales, ¡y quedaron espléndidas! Además, puesto que en la ópera se necesitan bancos, los fabricaron de cajas. Fue divertido.

Lo primordial es que la ópera fue todo un éxito y plantó la semilla para otros proyectos, incluyendo un musical sobre inmigración y las Islas Ellis. Tengo la impresión de que cualquier cosa que la señora Welch y sus estudiantes emprendan tendrá éxito y que los niños tendrán muchas otras oportunidades de crecer. También tendrán oportunidades maravillosas para demostrar lo que los jóvenes talentosos pueden hacer con dirección.

Muchos de nosotros deberíamos involucrarnos en trabajar con nuestros jóvenes en lugar de criticarlos sin demora. Felicitaciones a usted señorita Romayne Welch y a todos los destacados estudiantes de la Escuela Primaria Reynolds. Esperamos que padres y maestros de todo Estados Unidos tomen una de las páginas de su libreta de apuntes y dirijan a sus estudiantes en más actividades de naturaleza similar. Estas actividades los capacitará para convertir su energía creativa en proyectos que formen carácter y confianza.

Mi doctor me dio seis meses de vida. Cuando le conté que no podría pagarle la cuenta, me dio seis meses más.
(Walter Matthau)

Leer, escribir y saber aritmética no es suficiente

*N*o me malentiendas, la necesidad de estas tres habilidades es tan obvia que no merecen discusión dentro de nuestro complejo y creciente mundo. Sin embargo, de acuerdo a John Stinson, vicepresidente de recursos humanos en Trans-Canada PipeLines Limited, nos hemos visto obligados a ir mucho más allá que estas destrezas básicas. Señala que el establecimiento de metas, la autoestima, la moral, el aprendizaje del lenguaje de tu negocio, el respeto a la diversidad, la integridad, la constancia, el trabajo en equipo, la administración del tiempo y la solución de problemas son componentes que no pueden pasarse por alto.

Nuestras palabras revelan nuestros pensamientos, los modales reflejan nuestra autoestima. Nuestras acciones muestran nuestro carácter y nuestros hábitos predicen el futuro.
William Arthur Ward

Esto requerirá cambiar nuestra manera de pensar, y el cambio siempre implica estrés. Stinson afirma: «Si no tienes la capacidad de enfrentar el cambio y seguir adelante, tendrás problemas». La necesidad de cambio aumenta conforme cambia el mundo, y las necesidades de nuestros clientes cambian de acuerdo a esto. El empleado debe cambiar desarrollándose en técnicas y deseo de adaptación.

Considera esto: Desde 1972 hasta 1991 las exportaciones de automóviles de Estados Unidos hacia Japón declinaron bruscamente en dos por ciento. Las exportaciones alemanas de automóviles hacia Japón en el mismo período aumentaron en más de setecientos por ciento y los alemanes actuaron dentro de las mismas restricciones que los exportadores estadounidenses. He aquí la diferencia: Los alemanes reconocieron que los japoneses manejan en el lado izquierdo del camino, que el volante está al lado derecho del automóvil y que sus vehículos son mucho más pequeños. La solución: Poner el volante al lado derecho y hacer autos más pequeños para los japoneses. Cuando en 1992 la empresa American Jeep Cherokee fabricó autos de acuerdo a los gustos japoneses, causó sensación inmediata en Japón. Moraleja: Prepárate para satisfacer las necesidades del mercado y estoy seguro de que los empresarios te buscarán, particularmente si en verdad eres bueno en lo que te has propuesto hacer.

Mientras más dinero se consiga, más cartas escribirán los estudiantes universitarios pidiéndolo.

Dio todo lo que tenía

*T*oscanini dijo que Marian Anderson tenía la voz más dulce de «este lado del cielo». Cantó ante la realeza y personajes del gobierno en los teatros de ópera de Europa y Estados Unidos. Tenía un extraordinario registro de voz que iba desde soprano hasta el contralto más bajo, en un tono impecable.

Marian Anderson comenzó limpiando pisos a diez centavos de dólar la hora, a fin de poder comprar un violín en una casa de empeño. La iglesia a la que asistía reconoció su raro talento y levantó fondos para que un maestro vocalista profesional trabajara con ella. Cuando el profesor dijo que estaba lista, Marian fue a Nueva York y allí las críticas la crucificaron. Regresó a casa para reagruparse. Su madre y su iglesia le dieron ánimos y le pagaron más lecciones.

> *Recuerda: «El fruto que cultivamos en los valles de la desesperación es el alimento que comeremos en la cumbre de la montaña».*
> **Fred Smith**

Esta vez, debido al intenso prejuicio racial en Estados Unidos, fue a Europa y tomó al continente por los cuernos. Regresó a Estados Unidos y cantó en el Lincoln Memorial con una asistencia de más de sesenta mil personas. Cantó «O Mia Fernando», «Ave María», «Gospel Train» [El tren del evangelio], «Trampin» y «My Soul Is Anchored in the Lord» [Mi alma está anclada en el Señor], entre otras melodías. Quienes tuvieron el privilegio de escuchar a Marian cantar y a Martin Luther King, hijo, en su discurso «I Have a Dream» [Yo tengo un sueño], dijeron que la música de ella fue incluso más conmovedora que el famoso discurso.

En una ocasión un reportero le preguntó cuál había sido el momento más placentero en su vida. Sin vacilar le respondió que fue cuando pudo decir a su madre que ya no debía trabajar más lavando ropa. Sus honores fueron muchos como para enumerarlos y sin embargo ese fue su mejor momento. El reportero le preguntó: «¿Qué te dio tu madre?» Marian Anderson respondió: «Todo lo que tenía».

Eso es grandeza, y dar todo lo que tenemos es nuestra clave hacia la grandeza.

El primer y último pronóstico de tiempo completamente exacto fue cuando Dios le dijo a Noé que iba a llover.

De cesto en cesto

*B*ill Schiebler, de Eden Prairie, Minnesota, tuvo una experiencia única cuando vivía en el oriente varios años atrás. Estaba en el campo de labranza donde cada pedazo de tierra es importante. Una elevada colina con una espesura de bambú en la cumbre era parte del terreno. Los ancianos de la aldea decidieron que la colina debía eliminarse para fines de cultivo. La mente estadounidense no podía concebir que el cerro desapereciera sin la ayuda de un gigante equipo para remover la tierra, pero la mentalidad de trabajo y la ética orientales son distintas.

Miles de personas que vivían en la región inmediatamente participaron en la aventura e incluso la aceptaron como un asunto de rutina en su vida cotidiana. Cestos de tierra se bajaban desde la cumbre hasta el valle, y en algunos casos las filas de personas eran de casi tres kilómetros. Parecía como si nada sucediera; el cerro no parecía disminuir. Pero luego de un período, debido a un increíble trabajo de equipo, al compromiso de miles de personas y a una participación constante de día en día, el cerro poco a poco decreció y las áreas bajas surgieron como un hermoso suelo plano de labranza.

La palabra comunidad debería escribirse «comunión en unidad».

Los estadounidenses que presenciaron el esfuerzo quedaron sorprendidos cuando llegó el día en que ya no existía el cerro. Se dieron cuenta entonces de que casi cualquier empresa puede llevarse a cabo cuando tienes a todos en la misma línea, comprometidos en un esfuerzo común para beneficio de todos. Bill Schiebler señala con sabiduría que debemos usar este ejemplo para la vida diaria. Si cuando enfrentamos cometidos que parecen imposibles los dividimos en pequeños segmentos, de cesto en cesto, podemos prácticamente efectuar lo imposible y mover aquellas montañas. Nota: Los aldeanos asumieron una responsabilidad (para fines de cultivo): una montaña, y usaron ese barro para crear un valioso capital (una rica tierra de cultivo).

Piensa en esto. Examina tus desventajas, tal vez puedas convertirlas en ventajas, aunque sea llevando de cesto en cesto.

Un boxeador, tirado en el piso en el segundo round por un fuerte puñetazo, trata de levantarse de la lona. «Deja que el árbitro cuente», gritó su entrenador. «No te levantes hasta que llegue a ocho». El boxeador, débil y mareado, asintió y contestó: «¿Y qué hora es en este momento?» (*Executive Speechwriter Newsletter*)

Obrero de tiempo parcial logra éxito total

Cuando Dean Sanders era estudiante universitario trabajó a tiempo parcial con la gigantesca tienda mayorista Sam's. Actualmente es el presidente de la compañía, que tiene ventas anuales de veinticinco mil millones de dólares. Llegué a conocerlo cuando fui orador en las grandes inauguraciones de sus nuevas tiendas.

Una mañana fue para mí un gusto dirigirme al personal de Sam's durante un desayuno, antes de que abrieran el negocio. La franqueza de Dean con su personal, su manera de relacionarse «en mangas de camisa» y su simpatía eran reconfortantes. Sin embargo, quedé muy impresionado cuando me di cuenta de que llevaba algunas tazas y platos vacíos a la basura. Mientras lo observaba me preguntaba cuántos presidentes de corporaciones de veinticinco mil millones de dólares harían algo así. Primero, ¿estarían en un desayuno de trabajo? Segundo, ¿se juntarían tan fácil y libremente con su personal, que incluía tanto a ejecutivos bien pagados como a trabajadores asalariados por horas? Tercero, ¿estarían limpiando la vajilla del desayuno habiendo gran cantidad de personas alrededor?

> *El éxito se determina no por lo que consigues al alcanzar tu meta, sino por aquello en lo que te conviertes para alcanzarla.*

Lo que me llama la atención es que Dean lo hacía con toda naturalidad, sin que se le notara ninguna sensación de: «Bueno, alguien tiene que hacerlo y nadie más lo está haciendo, entonces supongo que lo debo hacer». Era más bien una actitud de que el deber estaba allí; debe hacerse; él era la persona más cercana y por tanto era lo más lógico hacerlo.

Es verdad: «El que es el mayor de vosotros, sea vuestro siervo» (Mateo 23.11). En la actualidad, muchas personas piensan que otros deben servirles, pero la realidad es que quienes sirven mejor serán los que guiarán a mayor número de personas. Piensa en esto. Adopta la actitud de siervo (sin ser servil).

El columnista Ray Ratto comenta en el San Francisco Examiner *sobre un problema potencial que enfrenta el equipo de fútbol americano los* 49ers: *«El dueño, Carmen Policy, es abogado. Steve Young es abogado. Bart Oats es abogado. Mark Trestman, el nuevo coordinador de la ofensiva, es abogado. Que Dios nos ampare si algún día no están de acuerdo en una jugada».*

Es mejor dar

«Quedé intrigado», dice Phillip Kelly, «cuando Wally Jansen me habló de la tradición navideña en mi nueva empresa, llamada "viaje a la isla". Diez días antes de Navidad, las doscientas familias puertorriqueñas de este condado se reunían y cada una ponía cinco dólares en el "pote", valor que en ese entonces equivalía al salario de un día para un recolector de frutas. Cada familia escribía su nombre en un pedazo de papel. Luego vendaban los ojos a alguien para que sacara el nombre de la familia ganadora del premio esa Navidad: dos gloriosas semanas en la isla y suficiente dinero como para comprar obsequios para todos. Era mi primera Navidad con la comunidad y fui al sorteo ese año, que sería el último para Wally Jansen. Se iba a jubilar después de haber trabajado cuarenta años con la compañía, en la que había sido el encargado de la fábrica de conservas durante los últimos veinticinco.

Las personas verdaderamente prósperas en la vida son dadivosas y perdonadoras.

»A las tres de la tarde todos habían desembolsado sus cinco dólares y el anunciador llamó a la plataforma al comité que atestiguaría el sorteo. Luego me pidieron que sacara el nombre de la afortunada familia. Me vendaron los ojos y me dirigieron al bombo. Metí la mano, tomé un puñado de papelitos y finalmente me quedé con uno. Abrí el pedazo de papel y leí: "Wally Jansen". Los vítores eran ensordecedores. Todos le rodeaban, le abrazaban, lloraban y le deseaban una Feliz Navidad y un alegre viaje. Mientras continuaba la conmoción, casualmente regresé hasta el bombo y saqué un puñado de papelitos y abrí algunos. Cada uno, en diferente tipo de letra, tenía el nombre: Wally Jansen».

Me imagino que la familia de Wally Jansen habrá estado emocionada hasta más no poder, pero creo que habrá sido mucho mayor la felicidad que sintió cada persona, pensando en que tal vez ella habría escrito el nombre «Wally Jansen» del papelito ganador. Piensa en esto. Conviértete en alguien dadivoso y te sentirás más feliz en tu viaje hacia la cima.

Alguna vez oí la historia de un hombre que encontró en casa una nota de su esposa que le decía que le habían pedido repentinamente que fuera al centro de la cuidad, pero que a él le iba a encantar la cena de esa noche. La encontraría en la página 28 del recetario de cocina.

No es mi culpa

La célebre historiadora Bárbara Tuchman llama a nuestros tiempos «la era del rompimiento». Asegura que hemos perdido la creencia en cierto tipo de moralidades y que nuestra comprensión del bien y del mal está distorsionada. La dos veces ganadora del Premio Pulitzer dice que tal vez lo que más necesitaremos el próximo siglo será «responsabilidad personal». Explica que asumir responsabilidades por tu comportamiento y por tus actos no siempre es suponer que la sociedad debe perdonarte porque «no es tu culpa».

La señora Tuchman era el portavoz de muchos de los sentimientos de la sociedad. El grito de «no es mi culpa» se oye por doquier. Posiblemente se origina en la niñez cuando los hermanitos pelean y cada uno proclama: «¡No es mi culpa!» El diccionario define *culpa* como «falta más o menos grave, cometida a sabiendas y voluntariamente, responsabilidad». Esa definición explica por qué muchas personas no desean aceptar su falta sino que deciden negarla.

> *Las personas te juzgan por tus acciones, no por tus intenciones. Aunque tengas un corazón dorado, no olvides que un huevo duro también lo tiene.*

Cuando vemos un altercado en un campo deportivo, por lo general los deportistas levantan su dedo acusador contra alguien más. Lo vemos en los tribunales. Los hermanos Menéndez explicaron que sus padres los trataron con brutalidad y por eso «tuvieron» que matarlos. A un joven en Dallas que mató a sus dos primos se le justificó su acción con «síndrome de sobrevivencia urbana», una mentalidad de «matar o morir». Los ladrones dicen: «No es mi culpa, no he podido conseguir trabajo». La lista es interminable.

Para ser realistas, si no aceptamos la responsabilidad por nuestras acciones, tendremos poca esperanza en nuestro futuro. Moraleja: La mejor manera de llevar una vida plena es aceptar la responsabilidad de nuestra conducta y nuestros actos. Por tanto empieza ahora a responsabilizarte con tus acciones, que rápidamente se volverá un estilo de vida mucho mejor.

Un niño de cinco años le dijo a Art Linkletter que la gallina fue antes que el huevo porque «Dios no pone huevos».

Viva Brenda Reyes y la Infantería de Marina

En un artículo del *Dallas Morning News*, Laurie Wilson identifica a Brenda Reyes como la mujer de negocios del año en Texas, un reconocimiento de la Asociación Tejana de la Cámara de Comercio Mejicanoamericana. Los nueve mil miembros del grupo honran cada año a una mujer de negocios por su éxito financiero, participación en la comunidad y servicio profesional.

La señora Reyes es una independiente mujer de negocios, propietaria del Innovative Computer Group [Grupo Innovador de Computadora]. Su primera aventura en el mundo comercial la llevó por un corto período a un empleo bancario, pero rápidamente se percató de que ese no era el sitio para ella, después de conocer allí a una mujer que había estado haciendo el mismo trabajo durante los últimos cuarenta años. Brenda se matriculó en la Universidad de Nueva Orleans, luego decidió enrolarse como infante de marina. Más tarde regresó a terminar la universidad.

> *Ten en cuenta a la tortuga. La única vez que progresa es cuando saca y estira su cuello.*

Además de las muchas lecciones de honor y disciplina que aprendió en la Infantería de Marina, su paso por ella le incentivó a buscar y sacar provecho de su potencial. Una vez terminada la universidad reconoció su aptitud en computación, así que en su tiempo libre instalaba sistemas de computadoras para sus amigos que no tenían paciencia en este campo. Al principio lo hacía solo para ayudar a otros, pero pronto se dio cuenta de que podía convertir su conocimiento en una carrera. Abrió su primer negocio de desarrollo de «software» en 1986 en su tierra natal de Nueva Orleans y más tarde trasladó su compañía a Dallas.

Como veterana de la Infantería de Marina, Brenda Reyes enfrentó algunas situaciones difíciles y a algunos marinos de corazón duro. Por eso no se amedrentó cuando tuvo que hacer la presentación del documento electrónico que había creado, ante un salón lleno de ejecutivos de altos ingresos en dólares. Según ella misma lo señala, no debía acobardarse. Brenda ha seguido el ritmo de los cambios tecnológicos, se ha movido con valentía para expandir su negocio y los resultados son obvios al haber sido reconocida como la mujer de negocios del año en Tejas. ¡Felicitaciones Brenda Reyes! Has sentado un buen precedente y nos has dado a todos lecciones para usar al máximo lo que tenemos.

Si algunos diputados creyeron que el régimen tributario sin representación era malo, debieron hacer que tuviera representación.

Las cosas pequeñas influyen enormemente

Si mi reloj se retrasa cuatro minutos y me aparezco a las 12:04 p.m. para un vuelo al mediodía, ya sabes lo que sucederá. Hice un arreglo con las líneas aéreas: si no estoy presente a la hora exacta en que sale mi vuelo, deben continuar y salir sin mí. Siempre han cumplido el acuerdo de manera cabal.

Alguien dijo alguna vez que la honestidad en las cosas pequeñas no es insignificante. Además, la acción más pequeña es mejor que la más grande intención. Cuán ciertas son estas afirmaciones. Hablando en serio, algo pequeño puede ser importante en gran manera. El general de brigada retirado, Robinson Risner, fue prisionero en la guerra de Vietnam por más de siete años. Cinco de ellos estuvo incomunicado. Padeció de frío, calor, mala nutrición y falta de aire fresco. Estuvo totalmente privado de cualquier comodidad humana. Trotaba por horas dentro de su celda. Cuando se sentía muy frustrado quería gritar, pero llevaba su ropa interior a la boca para amortiguar el grito. No daría a sus captores la satisfacción de que conocieran su frustración.

Abre tus ojos y sin duda verás cientos de cosas por las que puedes y debes expresar gratitud. Hazlo.

Un día en desesperación profunda el general Risner estaba tirado en el piso y miraba a todo lo que le rodeaba en su pequeña celda rectangular. Fijó su mirada en los bloques de hormigón, esperando encontrar una grieta en alguno de ellos. Para su alegría, vio una mínima abertura y pudo ver una simple hoja. Más tarde afirmó que con solo ver esa evidencia de vida exterior fue un acontecimiento que elevó su espíritu y cambió por completo su sentir.

Cuando escucho esta historia, quedan sin sentido la mayoría de mis quejas de la vida y decido apreciar más las muchas bendiciones que tengo en lugar de quejarme por lo que no tengo. Moraleja: Una mirada total a tu alrededor te revelará muchas bendiciones que ya has recibido y que seguirás recibiendo. Expresar aprecio por estas bendiciones es un enfoque victorioso de la vida.

—Mesero, ¡es imposible tomar esta sopa! —dijo el comensal.
—Lo siento señor, llamaré al gerente —contestó el mesero.
—Señor gerente —se quejó de nuevo el comensal—, es imposible tomar esta sopa.
—Llamaré al jefe de cocina —fue la respuesta del gerente.
—Señor jefe de cocina —se quejó por tercera vez el comensal—, es imposible tomar esta sopa.
—¿Qué hay de malo con la sopa? —preguntó el jefe de cocina.
—Nada. No tengo cuchara.

¡Soy el único que hace las cosas aquí!

*H*ace varios años debía participar en un programa de televisión que se transmitía tarde en la noche en la ciudad de Nueva York. Por alguna extraña razón quisieron que estuviera en el estudio a las cuatro y media de la tarde. Entré y quedé aturdido por lo reducido del área de recepción. Solo había un sofá para tres personas, una silla, un fregadero, un refrigerador y una cafetera.

Cuando me senté, entró una mujer, sacudió la cabeza y dijo: «¡A excepción de mí nadie hace café!» En seguida se puso a preparar café fresco. Pocos minutos más tarde entró un sujeto y siguiendo el mismo procedimiento, dijo: «¡No puedo creerlo! ¡Si no fuera por mí este sitio sería una pocilga! Soy el único que limpia». Procedió entonces a limpiar la pequeña área. Más tarde entró otra mujer y se quejó: «¡Soy la única que arregla el desorden aquí!», y procedió a guardar las cosas.

Estas tres personas creían sinceramente que eran las únicas que hacían algo. Sin embargo, cada una hizo una tarea en particular dentro del proceso de preparar, limpiar y ordenar.

> ***Enfrenta los errores ajenos con la benevolencia que enfrentas los tuyos propios.***
> **Proverbio chino**

Pregunta: ¿Pasa esto en tu compañía donde «nadie hace nada» pero todos piensan que cada uno es el único que en realidad trabaja? Pensamiento: Si esto es cierto y tú eres el único que haces algo, piensa en la increíble ventaja que esto te da. No solo tienes seguridad laboral, sino que cuentas con la oportunidad ilimitada de progresar. No obstante, si tienes una carga sobre tus hombros, si con sinceridad crees que haces todo y compartes este sentimiento con otros, tu mala actitud invalida tu buen trabajo. Por tanto, manténte ocupado, sigue trabajando y sonríe. Tu labor *y* buena actitud para hacer algo se pondrán a tu nivel y así progresarás.

Es difícil decir cuándo termina una generación y cuándo empieza la otra, es algo así como alrededor de las nueve o las diez de la noche. (*Executive Speechwriter Newsletter*)

¿Un grupo de estrellas o un grupo estrella?

En julio de 1991, mi esposa y yo visitamos Sydney, Australia. Tuvimos la oportunidad de asistir a una función de la Orquesta Filarmónica de Sydney en el famoso Teatro de la Ópera. Teníamos la reservación y teníamos la noche libre, así que aprovechamos la oportunidad. Cuando llegamos treinta minutos antes, los miembros de la orquesta ya se estaban preparando. Eran de todos los portes, edades y colores; había tanto hombres como mujeres. Algunos, como el cimbalista, actuarían solo cinco o seis segundos durante toda la noche, mientras que el violonchelista intervendría por más de veinte minutos. Mientras se preparaban, la música parecía un ruido.

El director entró al escenario un minuto antes de las ocho. Al instante, todos se sentaron en línea. Cuando subió al estrado, todos estaban atentos. A las ocho en punto levantó la batuta y al bajar los brazos empezó la música. Lo que unos segundos antes fue ruido, se convirtió en una hermosa melodía.

> *Las personas llegan a ser lo que les alientas que sean, no lo que les fastidias que sean.*

El director de orquesta convirtió el grupo de estrellas en un grupo estrella. Aunque cada instrumento producía tonos completamente distintos, todos se combinaban juntos en armonía. Ningún instrumento dominaba a otro; mas bien cada uno armonizaba con los demás. ¿Puedes imaginarte qué resultados se habrían conseguido si cada artista hubiera pensado que su instrumento debía ser el centro de la función?

Por muchos años el director fue un músico en la orquesta. Cuando era ejecutante aprendió a ser obediente y a seguir al director. En resumen, había aprendido a obedecer para más tarde poder dirigir. Una vez vi un joven con una camiseta que tenía un emblema que decía: «No sigo a nadie». ¡Qué tragedia! Si primero no aprende a seguir, nunca estará en capacidad de dirigir.

Un pequeño señaló una foto y preguntó al policía si en verdad era el retrato de la persona más buscada. «Sí», contestó el policía. «Bueno», añadió el joven, «¿por qué entonces no lo agarraron cuando le tomaron la foto?
(*The Rotarian*)

Vitalidad para los ciudadanos mayores

En un emocionante artículo de *U.S. News & World Report*, Joannie M. Schrof brinda un poco de información alentadora a ciudadanos estadounidenses de la tercera edad. Ella se refiere a numerosos estudios sobre envejecimiento que parecen muy prometedores. Menciona el libro del sicólogo de Harvard Douglas Powell, *Profiles in Cognitive Aging* [Perfiles en envejecimiento cognoscitivo]. Este sicólogo dice que de un cuarto a un tercio de individuos con aproximadamente ochenta años se desenvolvieron tan bien como sus homólogos más jóvenes. Incluso aquellos que tuvieron los porcentajes más bajos mostraron solo moderadas disminuciones.

Las investigaciones indican que el ejercicio es el factor que parece beneficiar más el poder cerebral de sanos, enfermos, jóvenes y viejos por igual. El ejercicio moderado, como treinta minutos de caminata diaria, es muy beneficioso. Tal vez la mejor noticia es que si incluso pierdes temporalmente parte de tu capacidad cerebral, puedes recobrarla. Un cerebro envejecido retiene una sorprendente capacidad de rejuvenecerse. Stanley Rapoport, jefe del laboratorio de neurociencia en el Instituto Nacional de Envejecimiento, ha obtenido asombrosos resultados al comparar los cerebros

Cuando en la Biblia se menciona retiro, se trata siempre de un castigo.

de personas menores y mayores comprometidas en los mismos objetivos. Descubrió que los cerebros de personas mayores prácticamente se renuevan hasta recuperarse de las pérdidas. Si una neurona no está a la par del trabajo, las células cerebrales vecinas toman su función.

Un fascinante estudio de Ellen Langer y Rebecca Levy, de Harvard, sugiere que las normas culturales pueden convertirse en profecías en acción. En China, donde la edad no tiene connotación de aletargamiento, las personas mayores alcanzan puntuaciones más altas en pruebas que sus homólogos estadounidenses. En resumen, a medida que envejeces, tu actitud y expectativas son factores determinantes. Otra emocionante ventaja es que las personas mayores constantemente opacan a las menores en toda proporción de sabiduría, pues ofrecen consejos más analíticos y experimentados.

Sin embargo, la mejor noticia de todas es que puedes dar algunos pasos para vivificar el cerebro: 1) ser flexible; 2) buscar paz; 3) comer bien; 4) buscar estímulos; 5) seguir instruyéndote; 6) buscar nuevos horizontes: 7) comprometerte con el mundo; 8) hacer una caminata diaria; y 9) mantener el control. Así que toma ahora un enfoque positivo y activo, y disfruta de una vida mentalmente alerta como ciudadano de la tercera edad.

Recuerda que eres parte del negocio para el que trabajas así como un bombo es parte de la orquesta. De igual modo, no olvides que un solo de bombo es algo sumamente monótono.

De la riqueza a la ruina para enriquecer

Cuando Castro y su régimen comunista tomaron Cuba, el sistema socialista reemplazó a la libre empresa y muchas personas prósperas cayeron en la ruina. Carlos Arboleya, un oficial de crédito en uno de los bancos más grandes de Cuba, fue uno de ellos. En 1960, poco después que Castro tomara el poder, Carlos llegó a su centro de trabajo y descubrió que los comunistas se habían apropiado de todos los bancos privados. Tres semanas más tarde pudo salir de Cuba junto con su esposa y su pequeño hijo. El único problema fue que llegó a Estados Unidos con solo cuarenta y dos dólares en efectivo. No tenía empleo ni un sitio donde vivir, y en Miami no conocía a nadie. Buscó empleo yendo a cada banco de Miami, pero todos lo rechazaron. Finalmente encontró empleo en una fábrica de calzado, haciendo inventario.

Carlos trabajaba con gran entusiasmo y energía, y laboraba muchas horas extras. Los resultados fueron espectaculares y en dieciséis meses llegó a ser el gerente de la compañía de calzado. Poco tiempo después le ofrecieron un empleo en el banco donde la empresa de calzado tenía sus cuentas. De allí se fue a la presidencia de la cadena bancaria más grande en Estados Unidos.

> *La oportunidad está en la persona, no en el empleo.*

Hizo lo que tenía que hacer (cuidar de su familia) aceptando un empleo para el que estaba sobrecalificado y finalmente alcanzó el empleo que deseaba. Carlos Arboleya probó que lo que cuenta no es *dónde* empiezas, sino *que* empieces. El orador Joe Sabah lo dice de este modo: «No debes ser grande para empezar, pero tienes que empezar para ser grande».

La historia de Carlos es un retrato del panorama total de Estados Unidos. En esta tierra cualquiera que solicita un empleo y se desarrolla en él puede alcanzar éxitos excepcionales. Esto se evidencia en el hecho de que ochenta por ciento de todos los millonarios en Estados Unidos son de la primera generación de estadounidenses. Reflexiona en esto, da lo mejor de ti y tus oportunidades de éxito aumentarán de manera impresionante.

Mı doctor me dijo que debía sacarme el apéndice. Cuando pedí una segunda opinión, me contestó: «Esa es mi segunda opinión. En la primera creí que era tu riñón».
(Gary Apple)

Esos éxitos «instantáneos»

*M*uchas veces alguien desconocido hace algo espectacular que de repente lo convierte en héroe, en figura pública, en próspero de la noche a la mañana y en objeto de mucha envidia. Exploremos este síndrome de «triunfo de la noche a la mañana», que ocurre muchas veces.

Hace varios años, Gary Spiess de White Lake, Minnesota, hizo algo increíble. Zarpó a la mar en su barco de algo más de tres metros para cruzar el océano Atlántico en solo cincuenta y cuatro días. Muchos de nosotros podemos imaginar cuánto habrá soportado para completar su difícil prueba de cincuenta y cuatro días, pero de repente el mundo entero supo quién era este hombre.

> *Los que permanecen fuera de la multitud han aprendido que todo desarrollo es un autodesarrollo.*

¿Cuál es la historia real? ¿Tuvo Gary Spiess una buena idea, la implementó y luego la «suerte» lo elevó al nivel de celebridad? No. Gary trabajó, planificó, se sacrificó y estudió durante tres años para construir su barco. Comprometió no solo su dinero, sino también ciento por ciento de su tiempo libre durante tres años completos. Tuvo que trazar su curso y planificar cada detalle, incluyendo el uso de su espacio al máximo, así como comida, vestimenta y cantidad adecuada de agua para llevar.

Una vez que comenzó el viaje, empezó también el peligro. La parte más peligrosa y difícil era luchar con los violentos aguas del océano Atlántico. Las turbulencias a veces se combinaban con lluvias torrenciales y heladas que le congelaban hasta los huesos. Cuando Gary llegó a Inglaterra, el mar lo había maltratado tan brutalmente que todo su cuerpo se volvió negro y azul. Claro, valió la pena, pero sin temor a equivocarnos este hombre se sacrificó y trabajó duro para recibir sus recompensas.

Muchos de nosotros no estamos interesados en hacer algo de esa índole, pero no cabe dudas de que si vamos a emprender algo de importancia, y si deseamos mantener esa importancia, se requieren muchas horas de planificación e incluso más horas de arduo trabajo. También podemos afirmar que ese es el valor que debe pagarse; porque aunque el esfuerzo es temporal, la satisfacción y las recompensas pueden ser eternas.

Un hombre pidió a su mejor amigo que le prestara cinco mil dólares para una cirugía plástica. Por desgracia, nunca los podrá recobrar porque ahora no lo puede reconocer.

«Amor» es un marcador en el tenis

*A*mor es también lo que haces por otros. Es un verbo activo. Hablando de activo, aunque James Lewis ya entró en los setenta, y a pesar de dos operaciones de rótula, continúa con su práctica de toda una vida de enseñar a jugar tenis a los jóvenes de Alabama. *Sports Illustrated* [Deportes ilustrados] narra su historia en un artículo especial. James es un obrero siderúrgico afroamericano retirado que vivió en el segregado Birmingham. De niño no se le permitía jugar tenis en parques públicos. Sin embargo, se hizo realidad el viejo refrán: «Donde hay un deseo hay un camino». James jugaba tenis bajo circunstancias que él creó. En terrenos baldíos hacía una cancha de arcilla o pintaba líneas en lotes desocupados de concreto dondequiera que los encontraba.

James Lewis es algo más que solo una leyenda en su propio pueblo; disfruta al máximo cuando enseña a los muchachos a resolver los misterios del juego. Al hacerlo, enseña algo más que tenis; los guía con ejemplo, les enseña a desarrollar un espíritu deportivo y a enfrentar con éxito cualquier contratiempo. Los chicos aprenden que el tenis es divertido.

> *Nadie es tan inútil en este mundo que no pueda aliviar la carga de otro.*
> Charles Dickens

Cuando era muchacho, a James le gustaba lanzar pelotas de tenis, parecía que tenía una habilidad natural para el juego. Aprendió solo a jugar e inmediatamente comenzó a enseñar a otros. Enseña que en el tenis se progresa paso a paso: «devolución, revés, rebote, servicio». Una vez que los estudiantes aprenden esto, los deja practicar por sí mismos, «algo así como una adivinanza de rompecabezas». «En verdad James Lewis es uno de los hombres más extraordinarios y generosos que puedas encontrar. Comparte todo su tiempo y conocimiento con su equipo, incluso su comida», dice Louis Hill, director de tenis en el suburbano Fairfield, Alabama.

Muchos de los estudiantes de Lewis han ganado becas universitarias. Hoy día Lewis concentra su celo misionero con varios programas recreacionales, uno de ellos lleva su nombre, y con dos universidades locales. En verdad es un hombre con fama de generosidad, que gana formando ganadores. Intenta adquirir para ti la práctica de vida de James Lewis.

Maestro de ceremonias: «No soy muy bueno haciendo presentaciones, pero eso no importa puesto que nuestro próximo invitado no es muy bueno dando discursos».

«Ella era velocidad y movimiento encarnados»

La cita anterior pertenece a Jesse Owens cuando hablaba de Wilma Rudolph, quien nació prematura y fue la vigésima de veintidós hijos. Cuando era una pequeñita, contrajo pulmonía doble y escarlatina. A los cuatro años de edad le dio polio y su pierna izquierda comenzó a atrofiarse. Los doctores pensaban que nunca volvería a caminar, pero su familia no se dio por vencida. Cada uno hacía turnos por horas para darle masajes en la pierna. Finalmente y con la ayuda de una abrazadera y un zapato ortopédico empezó a caminar poco a poco. Había estado postrada en cama y fuera de la escuela durante dos años.

> *No puedes subirte a la escalera del éxito con temor.*

A once años de edad se le quitó la abrazadera y el zapato ortopédico que tanto odiaba. Wilma Rudolph estaba libre al fin.

Wilma tenía una pasión absoluta por correr. De vez en cuando faltaba a la escuela y se escapaba a un estadio local. La pura alegría de correr era tan grande que podía pasarse corriendo todo el santo día. Al año ya desafiaba a los muchachos del vecindario y ganaba a la mayoría de ellos. A los quince años, cuatro años después de haber tirado la abrazadera, Ed Temple la invitó a entrenar con los Tigerbelles, el famoso equipo de pista femenino de la universidad de Tennessee. A los dieciséis años calificó para el equipo olímpico de 1956, pero solo obtuvo una medalla de bronce. Luego se inscribió en una beca de pista en la misma universidad, donde entrenaba con Ed Temple, quien a su vez dirigía el equipo olímpico 1960. En ese equipo Wilma se convirtió en una superestrella. El día anterior a su primer triunfo se torció severamente el tobillo, pero sin embargo ganó medallas de oro en cien y doscientos metros. Luego corrió en la prueba de relevos de cuatrocientos metros para su tercera medalla de oro.

¡Es increíble lo que hizo Wilma Rudolph! Creo que su éxito no se debió a pesar de sus problemas, sino debido a ellos. Ella apreció la buena salud que otros dan por sentada. Su gozo la llenó de tal euforia que intensificó su entrenamiento y le permitió sobrepasar a los atletas de su época. Piensa en esto. Sigue a tu estrella, hay posibilidades de que alcances nuevas alturas.

Pregúntate si un pez va a casa y exagera el tamaño del anzuelo que robó.

Todos estamos en deuda

Albert Einstein dijo: «Centenares de veces al día me recuerdo que mi vida interna y externa se basan en las tareas de otros hombres, vivos o muertos, y que me debo esforzar en dar en la misma medida que he recibido». Al pensar en las palabras de Einstein, te darás cuenta de su sabiduría completamente desinteresada. Estamos en deuda con nuestros padres porque son los responsables de habernos traído al mundo. Estamos en deuda con los médicos, enfermeras, ayudantes, auxiliares, colaboradores, practicantes y cualquier otro personal del hospital por la parte que tuvieron en que nuestra llegada fuera segura y saludable.

Todos disponemos de la misma cantidad de tiempo, pero no del mismo talento y capacidad. Sin embargo, quienes utilizan bien su tiempo, a menudo sobrepasan a los que tienen más capacidad.

Estamos en deuda con la engranaje educacional donde aprendimos a leer, escribir y a usar las matemáticas, que son factores críticos en nuestras vidas. Es aleccionador darnos cuenta de que alguien tuvo que haber enseñado a Albert Einstein que dos más dos son cuatro.

Estamos en deuda con todos los pastores, sacerdotes y rabinos que nos enseñan la esencia de la vida, instruyéndonos en cualidades de carácter que son importantes para nosotros, cualquiera que sea el campo en el que nos desempeñemos: deportes, medicina, educación, comercio o gobierno.

En verdad estamos en deuda con las personas cuyos mensajes han sido alentadores y positivos así como de información e instrucción. Estamos profundamente en deuda con los servidores públicos que dedican sus vidas a servirnos a través de oficinas designadas o elegidas en nuestro gran país. También estamos en deuda con los trabajadores postales que nos traen el correo, con los operadores de prensa, con los reporteros responsables de poner las palabras en imprenta y con los trabajadores que construyen las carreteras sobre las que nos movemos de un lugar a otro.

La lista es interminable y nos lleva de nuevo a las palabras de Einstein. Una manera de devolver esa deuda que tenemos es expresar regularmente gratitud a los hombres y mujeres que hacen nuestra existencia digna de vivir. Medita en esto. Agradece a muchas personas, de esta manera acumularás muchos amigos y disfrutarás más de la vida.

—No —dijo un hombre al contestar el teléfono—. No estoy interesado en absoluto.
—¡Es sorprendente! —trata de convencerlo la vendedora—. ¡Este novedoso e increíble producto resolverá todos sus problemas!
—Perdone —replicó el hombre—, pensé que llamaba para cobrar todo lo que hemos comprado.

Sam Walton alcanzó la posición de persona

Supongo que muchas personas han reconocido y honrado a Sam Walton más que a cualquier otro comerciante en Estados Unidos. Fue en verdad un individuo único, y aunque nunca tuve el privilegio de conocerlo personalmente, he conversado con muchos que lo conocieron muy bien. Además de haber leído lo que escribió y mucho de lo que otros han escrito acerca de él, he llegado a admirarlo y respetarlo por el gran ser humano que fue.

Las personas inteligentemente egoístas no tienen ninguna clase de egoísmo, pues saben que esta es la mejor forma de triunfar.

Muchos escritores se centran en el fenomenal éxito de Sam, pero él quizás lo resumió de mejor manera cuando dijo: «Tenemos éxito porque buscamos, reclutamos y retenemos las mejores personas». Resaltó: «Estamos en el negocio de la gente». La realidad es que sea cual fuere el negocio que tengamos, debido a que este se conforma de personas, todos estamos en el negocio de personas. Sam poseía una visión y un enorme compromiso para llevar a la mayor cantidad de gente el mejor producto al mejor precio. Para alcanzar tal objetivo, no dejaba ninguna piedra sin mover. Llevaba su producto a los pueblos más insignificantes, que otras organizaciones mercantiles no tomaban en cuenta en ese entonces.

Sam Walton era un innovador. Introdujo nueva metodología y tácticas, usando toda la alta tecnología disponible. Todas las semanas se comunicaba vía satélite con sus administradores. De esta manera recibía sus informes y los actualizaba en los nuevos productos y procedimientos que estaba implementando. Sam era un líder práctico que pagaba a sus ejecutivos sueldos más bajos que la mayoría de las compañías. Sin embargo, tanto a ellos como a todos sus empleados les daba la oportunidad de adquirir acciones en la corporación. Como resultado, muchos de ellos se enriquecieron. Aseguraba haber descubierto desde joven que al enriquecer a otros, se enriquecía él mismo. Esta es una extraordinaria filosofía de vida para todo el mundo.

Una conferencia de negocios es una reunión en la que cada uno dice que no existe un almuerzo gratis mientras se están comiendo uno.

¿Hay más de una vía?

*P*ocos meses antes de su muerte prematura, miraba a mi hija Suzan por el espejo retrovisor mientras me dirigía a la oficina. Ella y yo trabajábamos juntos en mi columna del periódico y también se dirigía a la oficina. Un minuto más tarde me pasó. Ella conducía en el carril izquierdo mientras yo lo hacía en el derecho. Poco después la pasé, la saludé y le sonreí. Unas pocas cuadras más adelante me volvió a pasar. Me sonrió como si dijera: «Mira papá, después de todo el carril izquierdo es mejor». Pero su triunfo fue de corta duración; unas cuadras más adelante la volví a pasar.

Para entonces nos encontrábamos a pocas cuadras de la oficina y el tránsito estaba muy lento. Suzan se pasó de donde debía haber doblado y me pasó; yo doblé hacia la oficina. En el momento en que entraba a mi estacionamiento, Suzan, que había tomado la ruta más larga pero más rápida, también llegaba al suyo.

El fracaso no necesariamente está al final del camino. Muchas veces es el comienzo de un viaje nuevo y más emocionante.

El primer punto es que realmente no debemos preocuparnos tanto cuando alguien se nos adelanta, ya sea en el tránsito o en la vida. En el paisaje siempre cambiante de la vida, a menudo el sol brilla para una persona por un rato y luego brilla para otro. El segundo punto es que a veces el camino más corto y más fácil no siempre es el mejor ni incluso el más rápido. A menudo debemos tomar desvíos para llegar a nuestro destino. Si Suzan hubiera intentado dar la vuelta desde el carril izquierdo, habría habido un desastre. Puesto que ella era flexible y deseaba virar, llegó exactamente como había planeado. El tercer punto es que deberíamos desear y aprender con emoción del éxito de otros. Si alguien es capaz de tomarnos la delantera y llegar primero, deberíamos decirle: «¡Muy bien! ¿Cómo lo hiciste?» Piensa en esto.

Dar al Congreso un aumento de sueldo es como dar al capitán del Titanic un aumento de salario después de chocar contra el iceberg. (David Evans)

La constancia tiene su pago

*D*urante ocho años el esforzado y joven autor escribió un número increíble de cuentos cortos y artículos para que se publicaran, pero todos los rechazaron. Por fortuna, no se dio por vencido y por ello tanto él como Estados Unidos estarán siempre agradecidos.

El hombre gastó mucho de su tiempo en la armada escribiendo una montaña de cartas e informes de rutina. Aprendió a decir las cosas con elocuencia, pero también de manera concisa. Luego de su conexión con la marina de guerra se esforzó para ser escritor, pero a pesar de esos ocho años y de cientos de historias y artículos, no le fue posible vender ni uno solo de sus escritos. Sin embargo, en una ocasión, un editor escribió una nota de aliento en el papelito de rechazo. Decía simplemente: «Buen intento».

Pienso que estarás de acuerdo en que la mayoría de nosotros no hubiéramos valorado tanto ese pequeño comentario dentro de la lista de incentivos, pero esas palabras prácticamente hicieron brotar lágrimas al joven escritor. Había recibido una nueva esperanza y continuó insistiendo. No se daría por vencido. Por fin después de varios años de esfuerzo escribió un libro que ha impactado de manera profunda al mundo entero y que le ayudó a convertirse en uno de los escritores más influyentes de la década del setenta. Hablo de

La perseverancia es muy importante para el éxito. ¿Cómo más podrían haber llegado al arca dos caracoles?

Alex Haley y su libro *Raíces*, del cual se hizo una de las miniseries de televisión de más sintonía en todos los tiempos.

La moraleja es clara: Si tienes un sueño y si realmente crees que tienes alguna capacidad que pueda expresarse, persigue ese sueño; no te des por vencido. ¡Sigue adelante! ¿Quién sabe? Tal vez en tu próximo esfuerzo alguien dirá: «Buen intento». Ese será todo el incentivo que vas a necesitar. Recuerda, el éxito puede estar a la vuelta de la esquina, en la próxima colina o al final del siguiente esfuerzo.

Hace tiempo me deberían haber ascendido. He tenido tantos puestos laterales que ya me coloqué al lado de mí mismo. (*Money and Business*)

Cualquier cosa podría pasar... y a menudo pasa

Una de las verdades en el deporte profesional es que en un día determinado en una ciudad determinada, un equipo deportivo profesional puede derrotar a otro. En ese momento realmente no importa el favoritismo. La misma verdad se aplica a la competencia individual entre atletas habilidosos y decididos a dar lo mejor de sí.

Kathy Horvath tenía toda la razón de pensar que perdería al enfrentarse con Martina Navratilova el 28 de mayo de 1983. Kathy estaba clasificada en el puesto número cuarenta y cinco en el mundo; Martina era la número uno, había ganado treinta y seis partidos seguidos sin una sola derrota en todo el año. Su récord en 1982 fue de noventa victorias con solo tres reveses. Quienes la derrotaron eran jugadoras de alto nivel como Chris Evert Lloyd y Pam Schriver. Además, Kathy Horvath tenía solo diecisiete años y estaba jugando frente a dieciséis mil personas.

> *El crítico ve un problema para señalarlo y establecer su autoridad o pericia. El director técnico ve un problema para trabajar en él y mejorarlo.*
> **Fred Smith**

Como a menudo sucede en algunos partidos, Kathy tuvo un principio y ganó el primer set 6-4.

Martina arremetió con fuerza en el segundo set y blanqueó a Kathy, ganando por 6-0. Al comienzo del último set estaban empatadas. Iban 3-3 y Martina tenía el servicio. Para sorpresa de todos, Kathy, la aplastante perdedora, ganó el set y el partido. Alguien le preguntó cuál fue su estrategia y ella contestó: «Estaba jugando para ganar».

Eso es importante. Demasiadas personas juegan para no perder; Kathy Horvath estaba jugando para ganar. Te exhorto a jugar para ganar.

El entrenador de béisbol Casey Stengel dice al receptor Joe Garagiola: «Joe, cuando nombren a los grandes receptores, tú estarás allí... escuchando».

Los grandes acontecimientos no siempre reciben gran atención

Para la mayoría de las personas es conocido el hecho de que el 8 de octubre de 1871 estalló un incendio en Chicago que cobró más de doscientas vidas y destruyó más de diecisiete mil edificios. Se han compuesto canciones sobre esto y al menos se ha hecho una película acerca de este famoso incendio, sin mencionar cientos de artículos y miles de recientes alusiones al respecto.

Sin embargo, muchas personas no están conscientes que el 8 de octubre de 1871 también estalló un incendio en Peshtigo, Wisconsin. Ese fuego cobró aproximadamente mil quinientas vidas y quemó alrededor de quinientas mil hectáreas de bosque maderero. Por supuesto, las noticias de los medios de comunicación de ese entonces se centraron alrededor de Chicago, en tanto que Peshtigo, por ser pequeño, se encontraba fuera del sendero noticioso. Por consiguiente, la atención era mínima. Creo que todos estaremos de acuerdo en que el incendio de Peshtigo fue de importancia, pero que debido a que no recibió publicidad, muy pocas personas están conscientes de ello.

> *Si haces las cosas ordinarias de un modo extraordinario, te asegurarás un futuro grandioso.*

Con frecuencia sucede así en la vida. Por ejemplo, la madre Teresa era mundialmente conocida por sus increíbles obras y compromiso de ayuda a quienes no pueden valerse por sí mismos. Evitaba la publicidad y aparecía en público solo con el fin de animar a la gente a hacer contribuciones para la causa en la que cree de veras. Cada día, cientos de personas hacen cosas grandiosas para ayudar a un vecino, a un desamparado o a quien no tiene comida o combustible para calentar su casa. Estos piadosos ángeles silenciosos lo hacen por su propia voluntad y porque creen ser los protectores de su prójimo. La alegría y la satisfacción de hacer algo sin ningún afán de reconocimiento, recompensa ni restitución es todo el pago que desean estos héroes olvidados. Hacen sus buenas obras por razones desinteresadas. Sin ellos, ¿quién sabe en qué condiciones estaría nuestro mundo? No lo sé, pero puedo garantizar una sola cosa: el mundo estaría peor de lo que está. Impacta en otros y esto impactará tu vida.

Los políticos que te prometen castillos en el aire van a utilizar tus ladrillos.

Negociaciones beneficiosas para ambas partes

*P*rácticamente todo entra en acción de algún modo en vender o negociar con habilidad. Las negociaciones son más fáciles si estamos en una posición de poder o si tenemos completa seguridad en nuestro producto. Además, es agradable tener la mejor ventaja (una oferta persuasiva y convincente) que nos permita influir de manera positiva en la otra parte.

Me encanta la historia que se narra en *Personal Selling Power* [Habilidad personal en ventas]. Cuando los automóviles Renault, fabricados en Francia, se enviaron al Japón, los japoneses exigían inspección individual para cada uno. Por otro lado, los franceses permitían el ingreso de vehículos japoneses a su país con una revisión clasificatoria, mediante la cual un vehículo elegido al azar representaba a todos los demás de la misma marca. Es innecesario decir que no era un acuerdo justo.

> *Discreción es la habilidad de hacer una observación sin ganarse un enemigo.*

El presidente francés François Mitterrand no se quejó. Por el contrario, ordenó que todas las videocaseteras japonesas se inspeccionaran una por una. También insistió en que se importaran a través de un puerto al sur de Francia. En el puerto se encontraban dos lentos inspectores de aduana a quienes se les asignó la tarea de inspeccionar las decenas de miles de videocaseteras japonesas, que rápidamente se amontonaban en el muelle. No pasó mucho tiempo para que el gobierno japonés entendiera que la respuesta de los franceses estaba costando mucho tiempo y dinero a los habitantes de ambos países. Después de una corta negociación, los autos Renault comenzaron a entrar al Japón con más rapidez y las videocaseteras reanudaron su ritmo normal para importación a Francia.

Hasta donde sé, no hubo ninguna amenaza ni se hizo propaganda de ningún tipo. Los franceses ocuparon su lugar con tranquilidad y los japoneses rápidamente efectuaron el cambio. Las negociaciones fueron tan hábiles que resultaron beneficiosas para ambas partes. Recuerda esta básica lección de la vida: Si puedes arreglar cualquier transacción o convenio de modo que ambas partes ganen, servirán a los mejores intereses de largo alcance para las dos.

El presidente de la junta: «Con el propósito de asegurar su atención total, al final de la reunión anunciaré quién escribirá la reseña de lo tratado».

«Para ayudar a otras personas...»

*H*e llevado mi vida y mi trabajo sobre un concepto: puedes tener todo lo que quieras si tan solo ayudas lo suficiente a otros a conseguir lo que desean. Sam Walton lo dice de este modo: «Aprendí desde joven que cuando enriquezco a otros también yo me enriquezco». Parte de la enseñanza de los niños exploradores es hacer una buena obra cada día. No hace mucho tuve la oportunidad de ayudar a una mujer que físicamente no podía levantar su bolso para guardarlo en el compartimiento superior del avión. Me agradeció mucho y le dije riendo: «En verdad usted me dio la oportunidad de hacer mi buena obra del día, así que soy yo el que le doy las gracias». Aquella buena acción del día es precisamente lo que aprendí como niño explorador. De tiempo en tiempo todavía escucho alrededor del país que la gente habla de esta práctica. Se trata de una filosofía maravillosa.

> *Un hombre dedicado a hacer con excelencia algo muy difícil nunca pierde su dignidad.*
> George Bernard Shaw

Uno de los hechos más hermosos de la vida es cuando haces algo bueno por otra persona sin pensar en beneficiarte, terminarás con algunos beneficios importantes. Hablando en términos científicos, cuando haces una buena acción el cerebro irriga serotonina, el neurotransmisor de «sentirse bien» que nos ayuda a cobrar energías. Por tanto, la utilidad del juramento de los exploradores es grandiosa. Un estudio de *Psychology Today* revela que las personas activas de la comunidad que hacen algo por quienes no pueden valerse por sí mismos, se vigorizan sicológicamente y tienen posibilidades de ser más prósperas en sus propias carreras.

Con seguridad, el típico sujeto de treinta años dirá que el juramento de los exploradores no tiene conciencia de todas estas cosas, pero esto no disminuye los beneficios que los mismos reciben por hacer una buena acción cada día. Está por demás decirlo, pero los niños exploradores me entusiasman y espero que a ti también. (Para mayor información, contacta a los niños exploradores [Boy Scouts] en la guía telefónica.)

Mujer a una amiga: «Todavía estamos haciendo los arreglos de la boda. Quiero casarme pero él no». (H. Bosch)

Responder o reaccionar

*R*esponder a la vida es positivo; reaccionar es negativo. Ejemplo: Te enfermas y vas al médico. Quizás después de examinarte te dará una receta con instrucciones de regresar en algunos días. Si cuando vuelves, el médico empieza a mover la cabeza y te dice: «Parece que tu cuerpo está *reaccionando* a la medicina; debemos cambiarla», es probable que te pongas un poco nervioso. Sin embargo, si el doctor sonríe y te dice: «¡Te ves muy bien! Tu cuerpo está *respondiendo* a los medicamentos», te sentirás aliviado. Sí, responder a la vida es bueno. Reaccionar a los incidentes de la vida es negativo y eso es malo. El siguiente ejemplo corrobora este hecho.

> *Me he dado cuenta de que los hombres y mujeres que llegan a la cima son quienes con energía, entusiasmo y dedicación hicieron el trabajo que tenían a la mano.*
> Harry Truman

En la actualidad existe mucha confusión en el mercado laboral y muchas personas pierden sus empleos debido a reducciones de personal, fusiones entre empresas y toma de poderes. Esto crea algunas oportunidades insólitas para un sinnúmero de individuos. Según el *Wall Street Journal*, algo positivo de esta tendencia es que durante los últimos cinco años se han creado más de quince millones de nuevos negocios, más de la mitad de ellos fundados por mujeres. Muy pocas de estas mujeres poseían habilidades comerciales y todas tenían gran necesidad económica. La mayoría de estos nuevos negocios eran «de confianza», es decir, las mujeres recibían el dinero antes de enviar la mercadería o prestar los servicios. *Journal* comenta que casi a ninguna de estas damas se les había procesado o encarcelado por abusar de esa confianza. ¡Esto es muy emocionante!

Algunos de estos nuevos negocios, quizás la mayoría, nunca habrían arrancado si no hubiera ocurrido una desgracia en las vidas de estas personas. Cuando se produjeron estos acontecimientos y las necesidades se volvieron obvias, las mujeres decidieron responder. Existen muy pocas dudas de que muchas de ellas están mejor ahora de lo que estuvieron antes de producirse «la tragedia».

La moraleja es clara: Si respondes a la vida en lugar de reaccionar, tendrás más posibilidades de alcanzar el éxito.

Mujer a su vecina: «¡Tengo la receta más maravillosa para el pastel de carne! Todo lo que tengo que hacer es mencionarlo a mi esposo y él me dice: "Vamos a comer fuera"».

St. John: Una universidad que da resultados

La Universidad de St. John tiene aproximadamente cuatrocientos estudiantes que asisten a las instalaciones de Annapollis, Maryland y Santa Fe, Nuevo México. Los administradores tienen la extraña idea de que algunos escritores y algunos libros son mejores que otros. Por tanto, en lugar de permitir que los estudiantes escojan, se sirve el mismo menú para todos: griego, francés, música, matemáticas y ciencias en una dieta de cuatro años con grandes libros de Platón, Dante, Bacon, Hume, Kant, Kierkegaard, Einstein, W.E.B. Du Bois y Booker T. Washington.

> *Puedes darte cuenta de que un hombre es inteligente por sus respuestas. Te puedes dar cuenta de que un hombre es sabio por sus preguntas.*
> **Naguib Mahfouz**

Según un artículo en *American Way Magazine* [Revista de estilo estadounidense], St. John se sostiene firmemente en la idea medieval de que todo conocimiento es uno y en la idea del hombre renacentista de que una persona realmente culta conoce mucho acerca de mucho. Más extraño aun, aquí no hay exámenes finales, ni preparación profesional, tienen pocos encuentros deportivos interuniversitarios, ninguna asociación estudiantil ni hermandades femeninas y casi ningún poder electoral. Aun más peculiar, todos los maestros de St. John están preparados para enseñar todos los libros desde Euclides en geometría hasta Maquiavelo en ciencias políticas y Heisenberg en mecánica cuántica.

St. John esfuerza a los alumnos a tener mayor responsabilidad por su educación. La enseñanza o sesiones de metodología están abiertas a discusiones, y en ellas cada estudiante expresa opiniones, presenta ideas y estimula pensamientos. En St. John creen que se aprende estando juntos, que no se aprende estando solos. Los libros que utilizan son difíciles en extremo y «te vales de otros en la clase para que te ayuden a entender».

Pregunta: ¿Da resultados esto? Respuesta: Sí. Setenta por ciento de los egresados hacen cursos de posgrado a los cinco años de graduación; el centro educacional figura en quinto lugar a nivel nacional en el número de graduados que ganan doctorados en humanidades. Aproximadamente diecinueve por ciento de los egresados de St. John llegan a ser profesores o administradores. Veintisiete por ciento de los egresados están dispersos en el ámbito profesional, trabajando en el gobierno, en asuntos públicos, en ciencias de la computación, en ingeniería y demás. Otro veinte por ciento de ellos encuentran carreras en negocios y finanzas, ocho por ciento se dedica a la abogacía y casi siete por ciento ingresa en profesiones médicas y de la salud.

Parece que St. John está tras algo. Quizás más centros educativos deberían adoptar este método.

Escuchar un discurso de un político típico es como comer salchicha ahumada. Puedes cortarla donde sea y sigue siendo salchicha ahumada.

Da gracias por tus problemas

Con frecuencia tratamos con personas que se quejan de las pruebas y tribulaciones de su vida diaria. Parecería que la vida fuera un gran problema para ellos. Quisiera hacer un planteamiento realista y de sentido común al enfrentar este modo de pensar. Si en su trabajo no existieran problemas, tu empleador contrataría una persona mucho menos capaz que tú para hacer las cosas de rutina que no requieren mucha concentración. En el mundo de los negocios, quienes son hábiles para resolver problemas complejos son los trabajadores más valiosos para el empleador.

Muchas veces los problemas o desafíos que enfrentamos nos obligan a crecer y a capacitarnos más. El corredor que entrena cuesta abajo no tendrá oportunidad de ganar medallas en el maratón olímpico. El corredor que entrena cuesta arriba tiene más posibilidades de desarrollar velocidad, actitud mental y resistencia necesarias para obtener el triunfo.

> *La única forma de superar la vida fácilmente es cuesta abajo.*

Lo mejor que pudo sucederle al boxeador Gene Tunney fue romperse las dos manos en el ring. Su representante pensó que nunca más podría volver a pegar lo suficientemente fuerte como para ser el campeón de pesos pesados. Por el contrario, Tunney pensó que se convertiría en un boxeador científico y ganó el título como pugilista, no como simple pegador. Los historiadores del boxeo te dirán que Tunney se convirtió en uno de los mejores púgiles que jamás haya peleado. También te dirán que como boxeador no habría tenido una oportunidad contra Jack Dempsey, a quien muchos lo consideran el más fuerte púgil en la historia de los pesos pesados. Tunney nunca habría sido campeón si no hubiera tenido el problema de sus manos rotas.

Moraleja: La próxima vez que te encuentres con una escalada, obstáculo o problema difícil, debes sonreír y decir: «He aquí mi oportunidad de crecer».

El hecho de que en este mundo hayan muchos jugadores empedernidos prueba algo: Los hombres y las mujeres son los únicos animales a los que se les puede despellejar más de una vez.

¿Qué edad tienes?

Quizás conoces a algunas personas en sus cuarenta años que están «viejas» y a otras en sus setenta que están «jóvenes». Digo esto porque creo que la mayoría de los lectores de este libro confían en el diccionario Noah Webster 1828. Webster no se refiere ni una vez al calendario ni al número de cumpleaños de alguien. Define *viejo* como «utilidad que ha quedado atrás; correspondiente al pasado; raído; añejo». No puedo imaginarme que pretendas colocarte cualquiera de estos adjetivos en relación a la manera en que te sientes respecto a la vida.

Webster dice que *joven* es ser «jovialmente fresco en cuerpo, mente o sentimientos». Esta es la definición que más me gusta y a riesgo de parecer poco modesto, creo que me describe a mí y a mi manera de ver la vida.

> *La mejor manera de hacer frente al cambio es ayudar a crearlo.*
> Robert Dole

Ralph Waldo Emerson observa: «No contamos los años de un hombre sino hasta que no haya más que contar». Me gusta Caleb, el héroe del Antiguo Testamento que a los ochenta y cinco años pidió que se le diera la cima del monte donde se encontraban los gigantes. Creyó que podía librarse de ellos y afirmó que se sentía tan vigoroso y saludable como si tuviera cuarenta años. Al parecer Caleb tuvo razón porque ya no hay más gigantes de dos metros setenta.

Alguien observó que «una vejez serena es la recompensa de una juventud bien gastada». Esta característica se identifica con lo que dijo el siquiatra Smiley Blanton: «Nunca he visto un solo caso de senilidad en personas de cualquier edad, que mantienen un interés activo en otros seres humanos y en asuntos fuera de ellos mismos». Hablando desde mi punto de vista, y confiando en otras fuentes, no sostendría esto en su totalidad. Creo por ejemplo en que la de Alzheimer es una enfermedad, mientras que en muchos casos la senilidad es el resultado directo de una serie de malas decisiones.

Sigue las reglas sensatas de salud y haz ejercicio regularmente. Continúa aprendiendo cosas nuevas, llena tu mente de lo bueno, limpio y puro, así como de pensamientos positivos sobre tu vida. Creo que si lo haces, vivirás bien ahora y luego terminarás bien.

No critiques los errores de tu cónyuge. Fueron esos mismos errores los que le impedían ser un mejor cónyuge.

Buenas noticias en el periódico

A través de los años he oído comentar a muchas personas que ya no leen el periódico. Dicen que hay demasiadas malas noticias y no hay muchas buenas noticias. Por esta razón me impresionó cuando AP y UPI dieron historias alentadoras sobre dos personas extraordinarias.

La Associated Press cuenta la historia de Dung Nguyen. Cuando ella llegó a Estados Unidos desde Vietnam, sabía muy poco inglés. Ocho años después estaba dando el discurso de despedida ante su clase en la graduación de su escuela secundaria en Pensacola, Florida. Sus logros fueron tan notorios que el presidente la llamó por teléfono para felicitarla. Dung estaba emocionada por la llamada del presidente, pero la emocionaba aun más la oportunidad que Estados Unidos le había dado.

> *Los obstáculos es lo que vemos cuando quitamos los ojos de nuestras metas.*

United Press International narró una historia muy distinta pero igualmente emocionante y alentadora sobre Geraldine Lawhorn. Ella fue una de las graduadas de más edad de su clase en la universidad de Northeastern Illinois. Lo extraordinario acerca de Geraldine es que no puede ver ni oír. Es más, fue la sexta persona sin vista ni oído graduada de la universidad. Cuando se le preguntó acerca de sus notables logros, contestó:

«Todos tenemos las mismas metas, pero debemos ir por diferentes senderos».

Fijar metas es un asunto muy personal y lo que te da buen resultado a ti no necesariamente será lo mejor para otra persona. Sin embargo, un principio que le dio resultados a Dung Nguyen y a Geraldine Lawhorn dará resultado para ti o para cualquier otro: Ellas no se dieron por vencidas. Al mirar sus obstáculos ambas vieron desafíos y oportunidades. Lo emocionante acerca de sus historias es que siguiendo estos ejemplos puedes llegar a la cima como ellas lo hicieron.

En una prueba de coeficiente de inteligencia se hizo esta pregunta a un banquero, a un electricista y a un político: «¿Qué término utilizaría usted para describir el problema que resulta cuando la salida excede a la entrada?» El banquero escribió «sobregiro», el electricista escribió «sobrecarga» y el político escribió: «¿Cuál problema?»

«Ni te preocupes»

Los primeros dos años y medio en ventas viví en el mundo de cumbres y valles, con muy pocas cumbres. Cada año durante la última semana de agosto nuestra compañía tenía una semana nacional de aliento en la que lo único que se nos animaba a hacer era vender, vender y vender. Esto resultó ser para mí una experiencia que cambió mi vida.

Durante la primera de estas semanas, y después de que por fin había agarrado mi ritmo, vendí dos veces y media lo que había vendido en una sola semana. Cuando terminó la semana me dirigí a Atlanta, Georgia, para entrevistarme con Bill Cranford, quien me presentó en el negocio. Llegué a las tres de la mañana y durante las dos horas y media siguientes le expuse minuciosamente todos los detalles de mi fantástica semana. Además le hice una descripción sin parar, palabra por palabra, de cada llamada que había hecho. Bill sonrió pacientemente, asintió con la cabeza y dijo:

—¡Extraordinario! ¡Muy bien!

A las cinco y media de la mañana caí en la cuenta de que ni siquiera le había preguntado a Bill cómo le iba en su trabajo.

La manera en que la gente participa de un juego muestra algo de su carácter. La manera en que pierde lo muestra en su totalidad.

—¡Lo siento, Bill! —le dije mientras me sentía muy avergonzado—. He estado hablando solamente de mí. ¿Cómo te va?»

—No te preocupes, Zig —me contestó con la gentileza que lo caracterizaba—. A pesar de todo lo complacido que estás por los resultados de esta semana, no puedes estar tan orgulloso como yo lo estoy. Mira Zig, te escogí, te enseñé los fundamentos, te estimulé cuando estabas desanimado, te aconsejé y te vi crecer y madurar. Nunca sabrás cómo me siento hasta que hayas experimentado el gozo de enseñar, preparar y desarrollar a alguien que está trabajando bien.

Recordando esto me doy cuenta de que ese fue el comienzo del desarrollo del concepto en el que he levantado mi vida y mi carrera. Concretamente, que puedes tener todo lo que quieras en la vida solo si ayudas lo suficiente a otros a alcanzar lo que desean. Prueba esta filosofía. Da resultados porque es una regla de oro expresada de un modo distinto.

Las cosas cambian. Un muchacho llegó a casa y contó a su padre que había alcanzado el segundo puesto en la clase. El primero lo había ganado una joven. «Seguramente, hijo», dijo el padre, «que no te vas a dejar ganar por una simple chica». «No estés tan seguro papá», contestó el muchacho. «Las chicas ya no son tan simples como solían ser antes». (Executive Speechwriter Newsletter)

Busca lo bueno en todo

Franklin Holmes es un capellán voluntario que trabaja en las prisiones de Tennessee, Georgia y Florida. Usando una página de mi libro *Nos veremos en la cumbre*, enseña un programa en las prisiones acerca de la importancia de buscar lo bueno en toda situación. Lo increíble es que se le acercaron hombres y mujeres que le mostraron más de treinta aspectos que les gustaba de la cárcel. No les agradaba estar confinados, pero lo están. Comprenden que esta es la mejor manera de hacer su estadía más tolerable e incluso más beneficiosa.

He aquí una lista parcial de lo que les gusta:

1. Los programas de autoayuda, programas de la iglesia y estudios bíblicos que reciben.
2. Poder salir a trabajar.
3. La tienda y la biblioteca de la prisión.
4. El patio, algunas comidas y el gimnasio.
5. Poder ir a la capilla y disfrutar de paz y quietud.
6. Las películas estatales de los fines de semana y algunos de los agentes policiales.
7. Recibir notas de estímulos y poder permanecer en el buen camino.
8. Tener tiempo para analizar dónde fallaron y poder usar el tiempo con sabiduría.

> *Un error es un acontecimiento lleno de bendiciones, que todavía no se ha convertido en ventaja.*
> Edwin Land

9. Que no se les tenga a menos ni se les haga permanecer siempre en sus dormitorios.
10. Tener la posibilidad de influir en sus propias actitudes y desarrollar su fe.
11. Poder forjarse metas y mejorar relaciones.
12. Cumplir sus condenas en lugar de permitir que sus condenas los derroten.
13. Sus asignaciones de trabajo, que incluyen libertad y flexibilidad.
14. Su localización en las faldas montañosas.
15. Sus selecciones de biblioteca y la existencia del periódico local.
16. La disponibilidad de consejería, visitas personales y paquetes desde sus casas.
17. Ropa nueva y la posibilidad de mandarla a arreglar.
18. Acceso a servicios médicos y dentales.
19. La preparación, la visitación y los programas de incentivo.
20. Acceso a una biblioteca actualizada sobre leyes.

Estos hombres y mujeres pudieron encontrar treinta y ocho aspectos que les gusta del lugar en que están encarcelados. De seguro podremos encontrar muchas cosas que nos gustan sobre cómo somos, lo que hacemos, dónde vivimos, la gente con la que vivimos y las oportunidades que nos ofrece la vida. Busca lo bueno en todo y tu vida será mucho más feliz.

Si esperas lograr algo grande en esta vida, recuerda que los esfuerzos aislados no te harán un experto.

Estrés: ¿Bueno o malo?

El diccionario Noah Webster 1828 dice que *estrés* es «forzar o acosar». Es «urgencia, presión, importancia». Es «enfocar, concentrar la atención, resaltar». Cuando miramos las definiciones de estrés en el diccionario, nos damos cuenta de que este puede ser bueno o malo. Demasiado estrés nos hará perder el sueño, nos volverá impacientes e irritables y nos producirá presión alta. Si no sentimos ningún estrés, no estaremos dando ninguna importancia a lo que hacemos. Esto puede ser tan malo como el exceso de estrés. Parece que el equilibrio en nuestra vida es la clave en lo que a estrés se refiere.

¿Cómo enfrentamos situaciones de estrés relativamente menores (incremento temporal del trabajo, un pequeño sobregiro del banco, la amenaza de una cuenta de reparación del auto, etc.) y cómo las encajamos en su debido nivel? Este es un campo en el que nuestros sentimientos son importantes en extremo. La mayoría de nosotros podemos sentir cuándo tenemos demasiado estrés, por tanto veamos algunos métodos para poderlo reducir cuando este se produzca a una escala menor.

Bien manejada, cierta cantidad de estrés puede resultarnos beneficioso.

Debes identificar la causa del estrés. ¿Se trata de un malentendido con un compañero de trabajo o con un miembro de la familia? ¿Estás tan involucrado en tu responsabilidad, que pierdes el sentido de la perspectiva de las facetas diarias de una vida equilibrada? Si es así, ¿qué puedes hacer al respecto? Primero, si se trata de un problema con alguien, busca el momento en que puedas hablar. Trata de ponerte en la posición de la otra persona. Si no tienes la razón, admítelo y pide disculpas. No te denigrarás. Al contrario, ganarás respeto porque te darás cuenta de que ahora eres más sabio que ayer. Segundo, busca un descanso a la presión. Busca tiempo para ti mismo, aunque sean unos pocos minutos. Una lectura apacible, una buena caminata, alguna distracción o cambio de escena pueden producir maravillas. Da estos pasos y te librarás del estrés.

En 1492, Cristóbal Colón no sabía a dónde iba, estaba rodeado de una tripulación rebelde y dependía totalmente de dinero prestado. En la actualidad sería un candidato político. («Current Comedy» [Comedia ordinaria] de Orben)

Mejoró, no se amargó

Neal Jeffrey es uno de mis personajes favoritos, y sin duda uno de los más refinados comunicadores de Estados Unidos. Neal, un *quarterback*, llevó al equipo de fútbol americano los Osos de Baylor al campeonato de la conferencia sudoccidental en 1974. Actualmente les habla a muchos grupos de jóvenes así como a comerciantes adultos. En verdad es uno de los oradores más cómicos, sinceros y capaces que haya escuchado. Lo interesante acerca de Neal es que es tartamudo. Sin embargo, decidió hacer de su tartamudez una ventaja, no un problema.

> *Cuando las aflicciones te sorprendan, recuerda que la única forma de llegar a la cima de las montañas es atravesando el valle.*

Ahora piensa en lo que acabas de leer. Un triunfante *quarterback* y conferenciante público que tartamudea no encaja en la mente de la mayoría de las personas. Neal Jeffrey tomó algo negativo y lo convirtió en positivo. Después de hablar unos pocos minutos, Neal dice a la audiencia que en caso de que no lo hayan notado, tartamudea. Luego con una amplia sonrisa dice: «A veces me enredo un poco. Pero no se preocupen. ¡Les garantizo que algo ocurrirá!» La audiencia siempre responde con entusiasmo.

Neal es el clásico ejemplo de un individuo sobresaliente que decidió convertir un obstáculo en ventaja. El obstáculo obligó a Neal a ser más creativo y a leer más, a investigar y a estudiar para poder transformar su desventaja en ventaja de la manera más eficaz. Como resultado mejoró, no se amargó. Mejoró no a pesar de su tartamudeo sino debido a este. Neal alcanzó y sigue alcanzando una meta tras otra en todas las esferas de su vida. Creo que puedes hacer lo mismo.

Todas nuestras desventajas nos pueden hacer retroceder o nos pueden impulsar hacia adelante. En la mayoría de los casos, la decisión es nuestra.

Profesor: «Greg, cuenta a la clase lo que quiere decir compromiso».
Greg: «Un compromiso es un trato en el que dos personas reciben lo que ninguna de ellas desea».

B.E.S.A.

Cuando empecé mi carrera de ventas, una de las primeras cosas que me enseñaron fue «*B*ien *E*xplicado, sin *A*fectación», en otras palabras, «No lo compliques, vendedor». Comunícate de tal modo que tu mensaje sea inequívocamente claro. Si el mensaje no es claro, el posible comprador se confunde. Alguien confuso muy rara vez actúa.

Este consejo se puede seguir en cualquier campo de esfuerzo humano. Por ejemplo, en las carreras de atletismo utilizamos sicólogos deportivos, regímenes de entrenamiento computarizados y los más novedosos zapatos de carreras. Tal vez todo esto sea necesario si deseas ganar la gran competencia. No estoy negando que estas cosas ayuden, pero Toshihiko Seko no necesitó de ellas para ganar el maratón de Boston.

Dos cosas seguras para fracasar: Pensar y nunca hacer o hacer y nunca pensar.

Me impresioné mucho cuando Seko ganó el maratón de Boston en 1981. Su programa de entrenamiento fue en sí sencillo, y él lo explicó con once palabras: «Corro diez kilómetros en la mañana y veinte en la noche». En este momento tal vez pienses: *¡Hay gato encerrado!* Pero este plan le permitió sobrepasar a los corredores más grandes, rápidos y dotados del mundo. Cuando se le dijo a Seko que su plan parecía muy simple comparado con el de otros maratonistas, contestó: «El plan es simple, pero lo llevo a cabo todos los días, trescientos sesenta y cinco días al año». ¿Simple? Sí. ¿Fácil? No.

Estoy convencido de que la mayoría de las personas fracasan en alcanzar sus metas no porque sus planes sean muy simples ni muy complicados. No alcanzan sus metas porque no se comprometen y no desean seguir sus planes.

Muchas de nuestras metas no requieren de planes detallados, pero todas requieren que sigamos el plan que tenemos. El plan de Seko dio resultado porque lo siguió cada día. ¡No puedes conseguir algo más simple que esto! Sigue el ejemplo de Toshihiko Seko; asegúrate de que tu plan para alcanzar tu meta sea simple y luego síguelo cuidadosamente.

Grabación en la máquina contestadora de una tienda por departamentos: «Si está llamando para hacer un pedido, presione el 5. Si está llamando para hacer una reclamación, presione los números 6-4-5-9-8-3-4-8-2-2-9-5-5-3-9-2. Que tenga un buen día».

El éxito es una sociedad

Un dicho declara que detrás de cada hombre de éxito hay una suegra sorprendida. En la mayoría de los casos, si no en todos, el éxito es el resultado directo de los esfuerzos del individuo y del apoyo y estímulo de alguien o algunos más.

Según se dice, si ves una tortuga sobre el poste de una valla, seguramente pensarás que no llegó allí por sí sola. Cuando ves a un individuo que sube por la escalera del éxito y alcanza la cima, sabes que no llegó hasta allí tan solo como resultado de sus propios esfuerzos. Prácticamente en cada caso la persona ha tenido la esperanza y el aliento de otros.

Algunos individuos han llegado más allá de lo que pensaban porque alguien más pensó que podrían hacerlo.

Nathaniel Hawthorne es un buen ejemplo. Estaba desanimado y angustiado cuando al llegar a casa un día le contó a su esposa Sofía que era un fracasado porque lo habían despedido de su empleo en la aduana. Al escuchar la noticia ella lo sorprendió con una desbordante exclamación de gozo.

—Ahora —dijo en tono triunfal—, ¡podrás escribir tu libro!

—¿De qué vamos a vivir mientras lo escribo? —respondió Hawthorne.

Para su sorpresa y deleite, ella abrió un cajón y sacó una gran cantidad de dinero.

—¿De dónde sacaste ese dinero? —preguntó de nuevo Nathaniel.

—Siempre supe que eras un genio —respondió Sofía—. Sabía que algún día escribirías una obra de arte, de modo que cada semana ahorraba un poco del dinero que me dabas para los gastos de la casa. Aquí hay suficiente dinero para mantenernos durante un año.

De la confianza, seguridad, ahorro y planificación cuidadosa de su esposa surgió uno de los clásicos de la literatura estadounidense: *La letra escarlata*. Esa historia puede repetirse pocas o muchas veces. Sucede a cada momento.

Si esa es la historia de tu vida, espero que seas prudente y des el crédito a todos cuantos te hayan ayudado.

Si pones juntos a todos los congresistas, pesarán alrededor de 48.000 kilos. Es difícil que algo que pesa 48 toneladas se mueva con rapidez. (Charlie «Tremendo» Jones)

Edsel fue un éxito sobresaliente

*P*uedes recordar que el automóvil Edsel fabricado por la Ford, según el público comprador, fue un triste fracaso. Se perdieron diez millones de dólares; el Edsel fue la causa de numerosos chistes y pronto fue a parar en el cementerio de autos que no tuvieron éxito.

Sin embargo, el resto de la historia es totalmente distinto. No fracasas cuando te vencen sino cuando desistes. A decir verdad, del Edsel se produjo un éxito increíble. Algo de la tecnología desarrollada y la investigación subsiguiente capacitó a la compañía para producir el Mustang que ha sido hasta este momento el automóvil de la Ford más provechoso y de más venta de todos los tiempos. De lo que los ingenieros aprendieron del Mustang fabricaron el Taurus, que por muchos años ha sido el número uno en ventas en Estados Unidos.

Dios busca crecimiento, no perfección, de modo que nuestro objetivo es excelencia, no perfección.

La clave de todo esto es que cuando cometemos un error (todos los cometemos periódicamente), debemos transformarlo en un momento de reflexión: «¿Qué puedo aprender para cambiar este fracaso temporal en un éxito completo? ¿Será este el comienzo para emprender grandes cosas?» En verdad, no alcanzamos todo nuestro potencial hasta que no nos hayan probado y examinado. Por lo general, el equipo que toma la ruta más difícil hacia el Súper Bowl, desafiando y venciendo a los equipos más duros, es el que al final se queda con el trofeo.

Moraleja: Cuando la adversidad te mira a la cara y fracasas en tu empeño, mírala como una experiencia de aprendizaje. Eso es lo que hizo la Ford. Es por esto que el Edsel fue a la larga un éxito total. Adapta tu pensamiento a esta perspectiva y transformarás tus «Edsels» en éxitos.

Este país está tan urbanizado que pensamos que la leche descremada viene de vacas que hacen ejercicios aeróbicos. (H.A. O'Rourke)

Cuando la tragedia se convierte en triunfo

*D*urante muchas generaciones antes de este siglo, la norma para el desarrollo de habilidades manuales fue la enseñanza del oficio de padres a hijos. Las pericias necesarias del oficio se transmitían de una generación a otra. Hace muchos años, un zapatero estaba enseñando su oficio a su hijo de nueve años con el fin de prepararlo para la vida. Un día, una lezna cayó de la mesa del zapatero y trágicamente vació el ojo del muchacho. Sin los conocimientos médicos actuales y la pericia actual, el niño terminó perdiendo no solo ese ojo sino también el otro.

> *Un día cada uno de nosotros será juzgado por la calidad de vida, no por la norma de vida; por nuestra medida de generosidad, no por nuestra riqueza; por nuestra simple bondad, no por nuestra aparente grandeza.*
>
> William Arthur Ward

Su padre lo puso en una escuela especial para ciegos. En aquel tiempo les enseñaban usando unos grandes bloques tallados. Los bloques eran toscos, difíciles de manejar y se requería de una considerable cantidad de tiempo para aprender. Sin embargo, el hijo del zapatero no estuvo contento con solo aprender a leer. Sabía que debía haber una manera más fácil y mejor de hacerlo. A través de los años desarrolló un nuevo sistema de lectura para gente no vidente, haciendo puntitos en el papel. Para llevar a cabo su objetivo, el hijo del zapatero utilizó la misma lezna que lo había dejado ciego. Su nombre era Louis Braille.

El refrán todavía es cierto: «Lo que te distingue no es lo que te sucede, sino cómo lo enfrentas». Me gusta lo que dijo el ex presidente Reagan acerca de su primer período de gobierno: «Desde que llegué a la Casa Blanca he conseguido dos audífonos, una operación de colon, cáncer en la piel, una operación de próstata y un disparo». Hizo una pausa. «Nunca me he sentido mejor en mi vida». Creo que estarás de acuerdo en que una actitud como esta te impulsará hacia adelante mucho más que si te lamentas por los incidentes trágicos de la vida. Inténtalo. Adopta el consejo de Helen Keller: «Si el panorama exterior que ves no es bueno, mira hacia arriba. Este siempre es bueno».

Un viajero a otro: «En verdad mi suegra y yo tenemos mucho en común. El deseo de ambos es que mi esposa se hubiera casado con otro». (H. Bosch)

Los imposibles de ayer

Recuerdo el reportaje noticioso que acompañó la hazaña de Edmund Hillary por ser la primera persona en escalar el monte Everest. De inmediato se convirtió en una celebridad, aun cuando había fracasado en su primer intento y cinco guías murieron en la ladera de la montaña. Inglaterra reconoció su tremendo esfuerzo otorgándole el más alto honor conferido a un extranjero: un título de caballero. Años más tarde, Edmund Hillary volvió a aparecer en primera plana cuando su hijo subió a la cima del Everest y padre e hijo mantuvieron una conversación telefónica.

Hoy día, de acuerdo al gobierno de Nepal, a menudo los escaladores alcanzan la cima del Everest. A decir verdad, el récord de personas que llegan a la cima en un día es de treinta y siete. Siete equipos llegaron en un período de media hora y crearon una aglomeración de tránsito de escaladores. Sí, los imposibles de ayer a veces se convierten en las normas del mañana.

El 6 de septiembre de 1995 se superó uno de los récords mundiales irrompibles. Hablo del «Hombre de Acero», el sensacional Lou Gehrig que jugó en dos mil ciento treinta partidos consecutivos de béisbol. Se pensó que el récord de Gehrig era insuperable, pero Cal Ripken lo rompió y está extendiendo este tiempo para hacerlo incluso más

> *El mejor momento para hacer algo especial es entre ayer y mañana.*

imposible. Otra marca que se consideraba insuperable era el número de triunfos que Ty Cobb había conseguido, pero hace algunos años Pete Rose lo superó. En la actualidad, niñas de doce años nadan más rápido de lo que nadó Johnny Weissmuller cuando fue medallista de oro en las Olimpiadas.

Muchos de nosotros nos emocionamos cuando leemos acerca de las hazañas de superhombres, pero algo mucho más importante es romper nuestras mejores marcas personales en nuestros logros.

Conseguir mejores puntuaciones, un récord mejor de trabajo, uno mejor de «ser amable» y un montón de otros récords que te harán alguien mejor en el más importante juego de todos: el de la vida.

El árbitro de fútbol Jim Tunney dice: «Mi definición de fanático es el individuo que me grita desde la fila 60 de las graderías que estoy perdido en la cancha porque piensa que no pité un penalty, y que después del juego no puede encontrar su auto en el estacionamiento».

Cómo comerse un elefante

Aunque ha estado en boga por muchos años, la declaración de que es posible comerse un elefante, bocado por bocado, hoy día es tan cierta como siempre. También es cierto que poco a poco puedes beneficiar a la humanidad y cambiar las vidas de muchos.

Una de las historias más reconfortantes que he escuchado en años es la de Oseola McCarty, de Hattiesburg, Mississippi. Ella tiene ochenta y ocho años de edad y ha pasado toda una vida lavando, planchando y arreglando ropa. Estas ropas se han llevado a fiestas a las que ella nunca asistió, a bodas a las que nunca fue invitada y a graduaciones que nunca tuvo el privilegio de presenciar. Sus exigencias de la vida fueron sumamente sencillas. No le importó vivir en una casa pequeña ni economizar en cada forma posible, incluyendo cortar las puntas de los zapatos si no le quedaban bien. El pago que recibió a lo largo de las décadas fue poco y en su mayor parte en billetes de a dólar y monedas, pero Oseola ahorró de manera constante y hace poco donó ciento cincuenta mil dólares para financiar be-

Cuando te enfrentes con desafíos, en lugar de empezar tus pensamientos o tus oraciones con: «El problema es...», cámbialos por: «La oportunidad para cambiar es...», o «La oportunidad para mejorar es...», o «La oportunidad para crecer es...»

cas a estudiantes afroamericanos en la Universidad de Mississippi del Sur. El impacto de su donación fue increíble. La identifican como la persona más generosa que se haya conocido. Los principales comerciantes de Hattiesburg donaron otros ciento cincuenta mil dólares adicionales. Hoy día se están utilizando los trescientos mil en becas.

La señora McCarty todavía está aturdida por la cantidad de atención que recibe de los medios de comunicación y por el número de personas que la visitan. Ella solo tiene una petición y una esperanza: tener el privilegio de poder asistir a la graduación de al menos uno de los estudiantes que hayan recibido educación universitaria como resultado de su generosidad. Ella misma habría querido poder tener una educación superior, pero dice que siempre estuvo «muy ocupada». Ahora su esperanza es que «el haber estado siempre muy ocupada» les permita a otros recibir la educación que ella nunca tuvo.

Moraleja: Lo que importa no es cuánto tienes, sino cómo usas lo que tienes. Te animo a seguir el ejemplo de Oseola McCarty y ayudar a otros a conseguir éxito. Te sentirás incluso mejor por sus logros que ellos mismos.

Anuncio de un siquiatra en el periódico local: «Satisfacción garantizada o le devolveremos su manía». (John W. Perritt)

Se necesita valor

Janet Carroll es una mujer muy valiente que influye y anima a los demás al llamarnos la atención hacia los héroes olvidados que por lo general no reciben reconocimiento, pero que están en medio de nosotros y se visten con miles de atuendos diferentes. Es también una mujer audaz, comprometida, imaginativa y con deseo de correr la milla adicional.

El pensamiento negativo se conquista con el pensamiento positivo, que es mucho más que la lucecita roja que repite: «Creo que puedo, creo que puedo». Es explorar el porqué y buscar los recursos. Es saber que tienes la razón. Es cambiar los reveses de la vida en marchas de alta velocidad y hacerlas positivas.

A Janet Carroll se le ocurrió la idea de informar al público ciertos aspectos emocionantes que suceden en nuestro país. Decidió centrarse en algunas personas modestas que evitan la atención pública a la vez que hacen de Estados Unidos un mejor lugar para vivir. Dejó su empleo, tomó prestados veintisiete mil dólares de sus tarjetas de crédito y se convirtió en la escritora, productora, directora, vendedora, empresaria, organizadora, creadora y motivadora del programa de televisión *Los héroes olvidados*. Su primer programa se transmitió el

23 de diciembre de 1991 y durante tres años se vio en las horas de mayor teleaudiencia, seis o siete veces cada año.

Mirando hacia atrás, Janet Carroll dice que si hubiera conocido antes lo que conoce ahora, quizás no habría empezado el programa. Considera las probabilidades: Sin dinero, madre soltera y ninguna experiencia en producción de programas de televisión. Además, tuvo que luchar contra individuos prósperos y adinerados con presupuestos ilimitados y que usan la última tecnología para producir sus programas.

Es considerable el impacto que el programa ha tenido en Janet y en muchos otros, entre ellos un camarógrafo que se siente muy «importante» parado detrás de la cámara, filmando a personas importantes. «Sin embargo», dice él mismo: «tengo que reconocer que estos héroes olvidados son en realidad los héroes y que tengo el privilegio de filmarlos». Sí, Janet Carrol es una persona que produce cambios. Tú también lo eres, por lo tanto influye de manera positiva.

Iba a inscribirme en una clase de reafirmación personal, pero mi esposa me dijo que no la necesitaba. (Frank Hughes)

Si la decisión es equivocada, cámbiala

Carol Farmer era una desdichada maestra de escuela que después de solo dos semestres de enseñar se dio cuenta de que el campo de la educación no era para ella. A pesar de la considerable inversión de tiempo y el esfuerzo que necesitó para convertirse en maestra, reconoció que este no era su llamado. ¿Pero qué más podía hacer? Su sueño siempre había sido ser diseñadora, por tanto se fijó la meta de convertirse en una. Parte de su meta era ganar más dinero en el primer año diseñando, que el que hubiera ganado enseñando. El primer año como maestra recibió cinco mil dólares. Mientras que en su primer año como diseñadora ganó cinco mil doce dólares cumpliendo así su primera meta.

Si tienes un sueño, despierta y síguelo.

Carol aceptó un empleo por veintidós mil dólares al año con uno de sus clientes, esta suma era cuatro veces lo que había estado ganando dos años antes. Poco después le ofrecieron un aumento a treinta y cinco mil, pero para entonces sus sueños se habían ampliado y lo rechazó para empezar su propia empresa. Ganó más de cien mil dólares en su primer año, es decir, veinte veces lo que hubiera ganado en diez años como maestra y cinco veces lo que ganó el año anterior. En 1976 Carol Farmer formó la Doody Company y en los tres años siguientes facturó más de quince millones. Su personal aumentó de seis a doscientas personas. Obtuvo grandes reconocimientos por su éxito empresarial y decidió hablar de ellos a los estudiantes de la Universidad de Harvard.

Muy a menudo las personas ven los obstáculos como piedras en el camino, en lugar de verlos como oportunidades. Carol corrió ese riesgo, que es el mismo que toman la mayoría de personas prósperas (se necesita valor para comenzar, compromiso para continuar y persistencia para alcanzar). Hay méritos cuando se corren riesgos, sin embargo no estoy hablando de jugarlo todo. Las personas triunfadoras no siguen oportunidades insensatas sino que calculan sus posibilidades. Eso fue lo que hizo Carol Farmer y convirtió la desilusión y desdicha de una profesión, en felicidad, creatividad y provecho de una profesión diferente. Te animo a sumarte a Carol Farmer en visualizar los obstáculos y decepciones de manera creativa.

El dinero no comprará la felicidad, pero pagará los salarios de un gran personal de investigación para analizar el problema. (Bill Vaughn)

No se trata de lo que no tienes

*H*abrás escuchado muchas veces: «La vida es lo que haces de ella». Esto lo podríamos decir de la manera diferente en que lo hace y dice mi amigo Ty Boyd: «No puedes cambiar las cartas que la vida te ha dado, pero puedes decidir cómo jugarlas». Esa es la filosofía que siguió Wendy Stoeker en su vida. Siendo estudiante de primer año en la Universidad de la Florida, quedó en tercer lugar en el campeonato de saltos de trampolín. En ese entonces, era la nadadora número dos en el extraordinario equipo de Florida y además soportaba una intensa actividad académica.

En verdad Wendy Stoeker parece una alumna hábil, feliz, positiva y equilibrada, capaz de conseguir cualquier cosa en la vida, ¿verdad? Bien, tienes razón si consideras lo que ha sido y sigue siendo. Lo cierto es que Wendy ya consiguió lo que ha deseado en la vida, aunque nació sin brazos.

Las circunstancias pueden levantarnos o derrotarnos. La decisión es nuestra.

A pesar de su impedimento, a Wendy le gusta bolear y practicar esquí acuático, además escribe a máquina a más de cuarenta y cinco palabras por minuto. Ella no se enfoca en lo que no tiene sino que mejora lo que tiene. La verdad es que si todos usáramos lo que tenemos y no nos preocupáramos por lo que no tenemos, podríamos lograr infinitamente más en nuestras vidas.

La moraleja es esta: Sigue el ejemplo de Wendy Stoeker. Piensa de manera positiva en lo que deseas de la vida. Decide usar lo que tienes, a pesar de los obstáculos que puedas enfrentar. Si lo haces, tu vida será más emocionante, gratificante y productiva.

Muchas personas suspiran por lo que desean, pero no recibirían un rasguño por ello.

Aprende a decir sí

*E*n verdad vivimos de manera acelerada. Además, en esta época en que ambos padres trabajan, no tenemos suficiente tiempo para hacer lo que deseamos y debemos. Uno de estos deseos y deberes es pasar más tiempo con nuestros hijos. Desafortunadamente, las retricciones de tiempo nos llevan con facilidad a responder de manera automática con un no cuando nuestros hijos nos piden cosas triviales.

Solución: En un artículo publicado en *Better Families* [Mejores familias], la doctora Kay Kuzma ofrece algunos planteamientos que podemos utilizar. Sugiere que en muchas ocasiones podemos decir sí y que esto es más eficaz porque además nos enseña lecciones valiosas. Por ejemplo, el niño podría preguntar: «¿Puedo ver esta noche mi programa favorito de televisión?» Los padres tienen oportunidad de decir: «Sí, en cuanto hayas secado y guardado los platos», o «Tan pronto llames a tu tía para pedirle disculpas por la manera en que te comportaste esta tarde».

Esta perspectiva te cambia a los ojos del niño de individuo que le niegas un gusto, a un padre que se interesa en ayudarlo a que actúe de manera mejor y más madura. El adolescente podría preguntarte si puede usar el auto la mañana siguiente para dar unas vueltas e ir al parque. Puedes decir: «Sí, siempre y cuando lo laves y lo llenes de gasolina a tu regreso a

> *No es una desgracia carecer de un título, pero sí es una desgracia no ser educado.*

casa». De este modo estás enseñando a tu hijo a ser responsable. Estás diciendo sí a un pedido razonable y además estás desplegando una sensación de confianza en él.

La doctora Kuzma también indica que cuando un niño pregunta: «¿Puedo comer el postre?», puedes decir: «Sí, en cuanto te hayas servido tu ensalada o tus vegetales». De esta forma estás asociando una pequeña recompensa a una responsabilidad llevada a cabo. El niño termina con el gusto temporal y algunos beneficios a largo plazo. Practica las sugerencias de la doctora Kuzma y habrás dado un paso gigantesco en educar un niño responsable, cortés y positivo.

Cualquier matrimonio está en problemas cuando un hombre muestra su peor lado a su mejor mitad.

¿Es un problema o una oportunidad?

Randy Males es un vendedor de muebles. En los almacenes de muebles los vendedores se alternan con sus «posibles compradores» (se turnan para atender a los clientes que llegan al almacén). Un día uno de los vendedores murmuró entre dientes:

—¡Esa pareja no pueden ser mis clientes!

Randy preguntó cuál era problema y el vendedor le dijo que el hombre no veía ni oía y que la esposa veía y oía muy poco. El vendedor afirmó con énfasis que no perdería su tiempo tratando de venderles y que no permitiría que los asignaran como sus «posibles».

—¿Puedo hablar con la pareja? —preguntó Randy.

—Claro —fue la respuesta—, si deseas perder tu tiempo.

Randy se acercó de frente a la pareja porque la señora podía distinguir señas y mensajes estando cara a cara. Les habló y ella le indicó que era sorda. Randy tomó un cuadernillo y en letras grandes escribió: «Ya vuelvo». Regresó con un gran bloc de notas y lo usó para «hablarles». Salieron con una gran compra y amplias sonrisas en sus rostros. Al día siguiente Randy recibió una llamada del servicio de traducción para sordos, con el propósito

> *La segunda milla es fácil, no hay aglomeraciones de tránsito.*

de agradecerle su cortesía. Se sintió complacido pero rápidamente señaló que no era ningún santo. Era un vendedor que deseaba correr la milla adicional.

Desde entonces, muchos amigos de la pareja han venido y han comprado muebles a Randy. Debido a que corrió la segunda milla, él convirtió un problema de ventas en su oportunidad.

Cuento esta historia con gran placer puesto que el mensaje tiene valor real y porque Randy, un antiguo excavador, se inspiró con mi madre, la finada Judge Ziglar. La moraleja es clara: Sé amable con las personas. Presta servicio a quienes más lo necesitan y benefíciate al hacerlo.

¿No es interesante que sin importar lo que sucede, nos encontraremos con gran cantidad de personas que «sabían lo que pasaría»?

Acerca del autor

Zig Ziglar es el jefe de la Corporación Zig Ziglar, cuya meta es ayudar a las personas a utilizar de manera más completa sus recursos físicos, mentales y espirituales. Cientos de corporaciones alrededor del mundo utilizan sus libros, videos, casetes y cursos a fin de preparar a sus empleados. Ziglar es uno de los conferenciantes motivacionales más buscados en el país. Viaja alrededor del mundo transmitiendo el mensaje de humor, esperanza y entusiasmo a audiencias de todos los tipos y tamaños. Ha escrito varios libros, entre ellos *Nos veremos en la cumbre*, del que se han vendido más de millón y medio de copias en el mundo, y *Más allá de la cumbre.*